BERNARD BOUGEAULT

LA MAISON DE VERRE D'AMIENS
Son histoire vraie

ROUSSILLON
2005

© 2018, Bernard Bougeault

Edition : BoD - Books on Demand
12/14 rond-point des Champs Elysées, 75008 Paris
Imprimé par Books on Demand GmbH, Norderstedt, Allemagne
ISBN : 9782322119035
Dépôt légal : mars 2018

Introduction du rédacteur

Ce manuscrit était resté dans les cartons d'archives de mon père. Je sais qu'il comptait sur nous pour en 'faire quelque chose'. Mais après sa mort je n'étais pas encore prêt à les exhumer. Je restais interdit dans ma rivalité parricide. Puis maman est décédée à son tour. J'ai rapporté à la maison quelques objets et documents qui me replongent dans cette époque de ma jeunesse. Maman est toujours là, je le sens bien. Sa présence charnelle me tarabuste, me nargue et me défie. Elle me sourit avec malice. Elle me dit 'fais ça pour ton père, fais-le pour toi, il l'a fait pour vous.' J'avais gardé le sentiment inavouable qu'il avait mené sa carrière contre nous. Qu'il nous avait empoisonné l'existence avec sa réussite et ses excentricités. Que d'une certaine manière, il nous avait empêché de vivre notre vie en mettant la barre trop haute. Maman avait raison, plus je me plonge dans ses archives, plus cela me libère et me procure une indicible joie. Je ne pensais pas un jour m'immiscer dans son esprit, tenir sa plume, et par là même mieux comprendre certaines choses. Et je le souhaite à mon lecteur, à mes proches, à tous ceux qui l'ont connu. J'ai rajouté ici ou là quelques bribes de phrases, quelques expressions de liaison qui ne me semblent pas le trahir, quelques précisions qui étaient alors trop évidentes. Mais ce texte est le sien. Tout est vrai, j'en témoigne, et d'abord parce que mon père était un homme profondément honnête. Et toutes les personnes concernées, vivantes ou mortes, ne diraient pas le contraire…

Mon père a constitué de gros classeurs à levier contenant des pochettes perforées transparentes. Il y a réuni les notes manuscrites qu'il tenait au jour le jour sur papier libre dans les dossiers de ses affaires, ainsi que des documents de toute sorte. Courriers, pièces administratives, photographies, articles de presse. Il gardait tout… Il les a classés par ordre chronologique grâce à ses agendas, à ses carnets de rendez-vous, à ses comptes rendus de réunions. Et finalement, trente ans après, il en a rédigé le fil conducteur, reliant tous ces éléments entre eux, ajoutant à ses considérations de l'époque certains commentaires. Je les reconnais parce que son écriture a changé. L'ensemble est agrémenté de renvois, de notes à la marge, et même de quelques indications à l'attention du rédacteur qui en ferait la mise au net.

Ce travail m'attendait en quelque sorte… J'ai commencé à taper tout cela de bout en bout. En changeant de police de caractère, en différenciant les marges, en ajoutant des guillemets et des renvoi en bas de page pour assurer la traçabilité des documents. Mais finalement, j'ai pris la liberté de fusionner le tout en un récit homogène afin d'en rendre la lecture plus agréable.

François Bougeault, novembre 2017

Je suis noire
Mais je suis belle
O fille de Jérusalem
Comme les tentes de Cedar
Comme les pavillons de Salomon

Cantique des Cantiques 1.5

Le sage vit dans une maison de verre

Socrate

Avant Propos

Michel Denieul, directeur de l'architecture, aimait ce que je réalisais. Président de la terrible Commission Nationale des Abords des Monuments Historiques, il avait approuvé la construction de la maison de verre, puis sa suite en rive sud du parvis de la cathédrale.

Un jour, il me dit : « Ecrivez l'histoire véridique de la maison de verre. »

J'aurais aimé lui donner satisfaction… mais le courage me manqua. C'est ma femme, Monique, qui trente ans plus tard me décida à l'entreprendre. Dès le départ, à la vue de mes premières esquisses, elle prévoyait ce qui se passerait et s'écria même un jour : « Tu es fou ! » ce qui ne l'empêcha pas de vivre à mes côtés, inquiète mais souriante, ces années difficiles. J'écrirai cette histoire, je lui dois bien ça !

Oui, mais voilà, comment m'y prendre ? Il m'est apparu d'abord que je ne pouvais isoler mon récit de mon activité d'architecte. Je parlerai donc de mon agence, de mes collaborateurs, de mes clients, de mes entrepreneurs, des membres de l'administration. Impensable aussi d'ignorer mes activités para professionnelles, l'ordre, le syndicat, nos organes de formation, les congrès annuels… Enfin, mes relations amicales plus ou moins liées au métier. Ces relations, ma femme y participait beaucoup. Et me voilà aussi entrainé à parler de ma famille, de mes enfants. C'est beaucoup je crois, mais nécessaire.

Je veux que cette histoire soit vraie. Je ferai appel, bien sûr, à mes souvenirs, ne retenant que ceux dont je suis sûr. J'utiliserai aussi les documents réunis au jour le jour. Articles de presse, extraits de revues ou autres publications, courriers, fiches de téléphone, notes écrites de ma main, agendas, plans, photos. Toutes les personnes existent et elles m'excuseront de les citer nommément.

J'espère que mon récit ne sera pas trop fastidieux, car l'histoire de la maison de verre, elle, a été fastidieuse. Un long combat dans lequel je me suis engagé à fond. Je suis arrivé à construire cette maison de verre, et si je n'étais pas parti, la « suite » le serait peut-être aussi de ma main. J'y pense souvent, et c'est pour moi un regret...

Chapitre 1
« Nous sommes dans la maison de verre »

C'est ce que je lis aujourd'hui, trente ans après, sur mon petit agenda, au premier janvier 1971. Cela de ma grande écriture de cette époque, pleine page, deux fois souligné. Et immédiatement, je me revois au pied de la maison, devant la façade donnant sur le parvis, la cathédrale ensoleillée se reflétant dans ses vitres noires dont le rythme des membrures répond aux divines proportions du chef d'œuvre de l'art gothique. Je suis seul, debout, bien fatigué. Notre déménagement s'est fait en deux jours, le 30 décembre pour notre logement et le 31 pour les bureaux… Une image mémorable me reste de ces deux journées. Nous quittons la rue du Pinceau, dont le nom avait été de bon augure. On amène les tables à dessin derrière le grand camion bleu de l'entreprise Debure. Il neige à gros flocons tourbillonnants et en un instant, les tables sont recouvertes d'un cocon blanc. Je suis triste de quitter cette adorable maison où nous fumes si heureux pendant dix ans. L'agence et notre habitation donnait sur un joli jardin aux grands arbres. J'avais mis du temps à m'y sentir vraiment chez moi, à m'y sentir comme un poisson dans l'eau, comme si j'y avais toujours habité. Je pensais que je ne la quitterai jamais. Alors pourquoi la quittions-nous ? L'agence avait grandi, les quatre employés de mon prédécesseur étaient devenus une quinzaine, nous étions à l'étroit et les commandes que je recevais demanderaient encore plus de personnel.

La neige a cessé pendant la nuit. Elle recouvre, intacte, la place Notre Dame, les maisons, les autos. Les Saints des portails de la cathédrale sont coiffés de gros bonnets d'hermine blanche. De cette blancheur immaculée surgit, étincelante comme un diamant noir, la maison de verre. Mon rêve est réalisé ! Je suis heureux. Dans cette exaltation, je revois sans doute à grandes enjambées le parcours de ces dix dernières années.

Chapitre 2
Notre installation à Amiens

    Nous habitions à Megève. Je travaillais dans le cabinet d'Henri Jacques Le Même, comme projeteur puis comme chef d'agence. Mais je ne perdais pas de vue la petite agence bien à moi dont je rêvais depuis longtemps. Nous l'imaginions sur la Côte d'Azur… Nous attendions l'occasion. Et celle-ci se présenta bien différemment. Un jour d'été, depuis notre balcon, nous entendons nos enfants, qui jouaient autour du chalet, parler à d'autres enfants. Nous nous penchons et voyons qu'ils sont accompagnés de leurs parents. Nous faisons ainsi la connaissance de Madeleine et Jacques Lesselin. Il est vice président de la Cour d'Appel d'Amiens. Le père de Madeleine est architecte. Il est âgé et recherche un successeur. En nous quittant, Madeleine nous propose de faire un saut jusqu'à Amiens, cela n'engage à rien… Hé bien, sans raison, nous n'avons pas donné suite. Nous n'étions pas encore prêts à quitter Megève. L'année suivante, nous passons le mois d'aout au Touquet. Et voila que sur cette immense plage nos enfants rencontrent encore les enfants Lesselin. Leurs parents sont heureux de nous retrouver. Nous sommes confus de n'avoir pas donné suite à leur proposition. Au moment de nous quitter, Madeleine s'écrie : « Amiens est à 100 kilomètres du Touquet. Vous ne pouvez pas nous refuser d'y faire un saut ! » Je ne sais pour quelle raison, nous ne l'avons pas fait… De retour à Megève, nous retrouvons nos amis Cécile et Maurice Servettaz. Lui est notaire à Sallanches. Nous leur parlons de la proposition qui nous a été faite. Maurice nous écoute attentivement. Il me pose de nombreuses questions. Enfin, il me dit : « Bernard, tu rates peut-être là une occasion qui ne se représentera pas. Il faut absolument aller voir. Je te propose de t'accompagner entre deux Caravelles d'Air France, de Genève à Paris. Une bonne occasion de les essayer. Pourquoi pas ? » Aussitôt dit, aussitôt fait. Nous fûmes accueillis par Jacques, Madeleine et son père Maurice Thorel chez leur notaire Jacques Arnaud. Maurice Servettaz pose mille questions à son confrère et jette les bases d'une cession du cabinet de Monsieur Thorel. Je fais la connaissance de ce vieil architecte plein de gentillesse, d'humour et de classe. Il a perdu ses trois fils. Son épouse est gravement malade. Nous visitons sa maison vétuste mais charmante, ses bureaux crasseux dans lesquels quatre employés essaient de faire bonne figure. Je suis un peu déçu. Les affaires en cours sont nombreuses mais insignifiantes. En les quittant, je suis plutôt découragé. Mais dans le train qui nous ramène à Paris, Maurice me surprend par son enthousiasme. Ce sont des gens très bien et leur excellent notaire lui a fait miroiter un important développement de l'affaire. Maître Arnaud vient de réaliser la succession De Bernis, une fortune considérable, il est le notaire de l'évêché et s'occupe lui-même de promotion immobilière. Maurice est conquis et m'engage vivement. « Bernard, il faut prendre. » De retour à Megève, où nous vivons depuis cinq ans, je raconte, tout éberlué, notre équipée à ma femme Monique. Elle se montre très intéressée et m'avoue sa lassitude de la frivolité de Megève, de l'alternance déstabilisante entre saisons agitées et saisons mortes, des printemps dans la gadoue. Bien sûr, ce n'est pas le midi dont nous rêvions, mais Amiens n'est pas loin de la mer, à une heure de train de Paris. En peu de temps, nous signons à Amiens une convention rédigée par Maître Arnaud. J'achète l'agence de Monsieur Thorel en viager, pour un loyer modeste révisable selon l'indice de la retraite des architectes. Il me transmet ses archives et le mobilier de l'agence, s'engage à me présenter ses clients, aux personnalités d'Amiens, ce que feront aussi les Lesselin. Je reprends le personnel que je m'engage à garder. L'engagement sera parfaitement tenu et la petite agence moribonde deviendra en dix ans l'une des plus importantes d'Amiens. Les Thorel et les Lesselin resteront pour nous d'excellents et fidèles amis. Maurice Servettaz avait rudement raison de dire : « Il faut prendre ! »

Chapitre 3
Dix ans de tranquillité sans soucis financiers

Pendant les travaux d'aménagement de la maison des Thorel, nous campons dans une pièce de l'aile des bureaux et faisons la cuisine sur un réchaud à pétrole. Les planchers sont pourris et les murs suintent d'humidité, mais nos deux enfants sont enthousiasmés par cette vieille maison et son personnel à l'accent picard. Ils courent partout et découvrent tous les recoins, les passages secrets, le coffre fort camouflé dans une boiserie du « musée, », les fausses portes, les pièces à l'abandon, les chambres de bonnes mansardées, les cabinets sur fosse septique au fond du jardin, la cave et les greniers où des malles poussiéreuses renferment une collection de sagaies empoisonnées.

Tout d'abord, nous terminons les chantiers en cours, dont certains dommages de guerre. Des rues entières reconstruites par des architectes de Paris. Les chantiers sont suivis par les confrères amiénois. Le centre-ville est tout neuf, façades de brique et encadrements de fenêtres en pierre ou en béton, toits d'ardoises aux corniches moulurées. Je suis infiniment heureux d'être enfin mon maître. Le Ministère de la Reconstruction et du Logement, qui deviendra par la suite le Ministère de l'Equipement, est installé dans des bâtiments provisoires à côté de la caserne Stengel, à deux pas de l'agence. J'y suis souvent pour « pousser » mes projets, soumis chaque mois à l'architecte conseil parisien Labourdette. Il me remarque et fait mon éloge devant le Directeur. Il s'est écrié une fois à mon arrivée : « Ah, enfin, voilà Bougeault, on va voir de l'architecture ! » Le premier dommage de guerre important que je réalise en mon nom propre est l'église d'Eppeville. Le projet confié au cabinet Thorel sur les plans de l'architecte parisien Clay ne me plait pas du tout. Je modifie les percements, affine les proportions, revois tous les détails. Je conserve le plafond en frise de sapin mais lui donne la courbe d'une voile de bateau. Les poteaux en béton de la nef deviennent nets de décoffrage sur un plan triangulaire qui les affine. Je conserve le grand toit à deux pentes en ardoise de l'église mais couvre la sacristie et la salle de catéchisme d'un toit terrasse plat. Le nouveau projet est approuvé par la ville qui me donne le permis de construire. Le chantier est rapide, réalisé par de bonnes entreprises, mais nous n'avons pas le budget pour le clocher.

Je réalise de petits programmes d'Habitations à Loyers Modérés, des travaux d'entretien pour des usines de tissage, de bonneterie, de teinturerie, pour la Caisse d'Epargne dont Monsieur Thorel est administrateur. Dès 1961, j'entreprends la construction de villas modernes et de bureaux pour une clientèle aisée. J'entre dans des clubs amiénois : le Bel Amiens, Amiens Demain, le Phylum, je participe à la fondation de l'Université Permanente d'Architecture et d'Urbanisme Nord-Picardie. Une bolée d'air frais !

Nous avons petit à petit restauré la vieille maison de Monsieur Thorel, annexé les dépendances, investi le garage pour le tirage des plans, rehaussé le grenier pour créer un bureau de dessin, repoussé les cloisons pour aménager une salle de réunion, ouvert des fenêtres qui plongent sur notre séjour au grand dam de Monique. Les années passent, l'affaire prospère, il faut encore embaucher et nous serons bientôt trop à l'étroit.

Chapitre 4
Mais où transférer mon agence et notre logement ?

Faut-il les séparer ? Contrairement à l'avis de ma femme et de mes enfants, je suis formel : habiter sur son lieu de travail permet de gagner du temps et de la fatigue. C'est un facteur de sécurité, de discipline et de contrôle du personnel. Les patrons pour lesquels j'ai travaillé avaient tous retenu cette solution. Albert Laprade dans un bel hôtel particulier à Paris, Robert Camelot dans les communs du château de Versailles puis dans un immeuble construit par lui-même, et enfin Henri Jacques Le Même dans la belle maison rouge qu'il avait édifiée sur le chemin du Calvaire de Megève dans le style des années trente, devenue depuis la Fondation Le Même et inscrite à l'inventaire des Monuments Historiques. Déjà, à notre arrivée à Amiens, trouvant que la maison Thorel n'était pas dans un quartier assez chic[1], nous avions envisagé de nous installer dans la tour Perret, construite par mon grand maître et boudée par les amiénois, mais cette fois-ci, je veux construire moi-même notre nouvelle résidence.

L'autre dilemme est : à la ville ou à la campagne ? La centralité ou l'espace ? Nous discutons de temps en temps les avantages et les inconvénients de ces hypothèses et soudain, les deux solutions opposées se présentent en même temps.

Un beau parc derrière de hauts murs de pierre, arboré de grands chênes centenaires et traversé par la petite rivière de la Selle dans le charmant village de Saleux, à 10 kilomètres d'Amiens. Pour moi, le site est enchanteur et j'imagine aussitôt de longs bâtiments en bois : grands pleins en clins de sapin créosoté presque noirs alternant avec de larges baies coulissantes aux châssis bois laqués blanc brillant. Une ossature poteaux poutres fondée sur pilotis permettant une distribution modulable. Des toitures à faible pente

---

[1] La rue du Pinceau, joli nom pour un cabinet d'architecte, s'appelait au départ rue du Plein Seau. Cette petite rue ouvrière en pente était à l'origine un profond fossé qui, par temps d'orage, évacuait « à plein seaux » les eaux pluviales de la grande rue Jules Barny.

en bac acier, largement débordantes, recouvrant des terrasses en bois autour des bâtiments. On ne peut aller plus loin dans la simplicité, la rigueur, l'économie, la sévérité, la sérénité. Ces valeurs seules m'apportent la joie !

Et puis, un dimanche après-midi, je me rappelle soudain qu'un médecin avait envisagé il y a quelques années de construire sur un tout petit terrain place de la cathédrale. il avait rapidement renoncé à son projet. Je bondis aux archives et retrouve vite ce maigre dossier classé 'sans suite' : « 13 mai 1963, croquis du terrain et de son voisinage. Propriété Martin. » Un personnage entreprenant et bien connu, possédant plusieurs cinémas et le fameux « Musée de cire » installé dans un immeuble voisin sur le parvis. Immédiatement après la guerre, il avait commencé à reconstruire sans permis et s'était arrêté au niveau des fondations. Le terrain était en fait en copropriété et Martin s'était rapidement vu opposer le refus de l'autre partie, un antiquaire qui préférait déléguer à un promoteur la réalisation d'une opération immobilière.

Le terrain fait 234 m². Il est frappé d'alignement depuis 1890, ce qui l'ampute de 58 m². Reste 176 m². Maître Arnaud en trouve le prix exagéré. Nous faisons un saut sur place. C'est une friche. Des poteaux béton fissurés et des fers rouillés sortent de terre. Mais quelle belle adresse, quelle vue prestigieuse sur la cathédrale ! Construire face à un tel monument relève du défi. J'imagine des volumes bas, une grande simplicité d'expression, une grande unité de matière, une architecture vivante, donc d'aujourd'hui. La cathédrale fut d'avant-garde, soyons nous aussi de notre temps. Jusque tard dans la nuit, je crayonne ce qui pourrait être notre maison. J'obtiens tout juste la surface qu'il nous faut sur cinq niveaux. Par la suite, les plans définitifs ne s'éloigneront guère de cette première esquisse. Le lendemain, j'en parle à Maître Arnaud. Il se renseigne. Une semaine plus tard, j'en fais état pour la première fois sur mon agenda : « 17 mai 1968, Martin et Bougeault chez Maître Arnaud. » Mai 68 ! Un peu plus loin : « 8 juin, visite du terrain place Notre Dame. » Et enfin : « 14 juin, dépôt en mairie d'une demande d'accord préalable. » De 1963 à

1968, tous les prétendants avaient été découragés par Monsieur Martin qui voulait vendre en même temps son immeuble voisin, par la crainte des exigences des Monuments Historiques, par les difficultés administratives. En effet, l'alignement décidé en 1868 reculait de six mètres la rive sud de la place alors que le plan d'aménagement de 1943 maintenait sans recul l'alignement aux immeubles voisins. En 1960, le conseil municipal envisagea d'abandonner le plan d'aménagement de 1943 pour revenir à l'alignement de 1868, mais le dossier resta en panne. Un alignement fut approuvé par arrêté préfectoral le 21 mai 1964, mais sans fournir de plan. C'est en fait lors de l'instruction de ma demande de permis de construire en 1970 que l'arrêté définitif sera pris en urgence, le projet de la maison de verre figurant lui-même sur le document…

Chapitre 5
Les démarches administratives

    Je note sur mon agenda le 7 juin 1968 à 20 heures : « Conférence de De Gaulle à la radio. » C'est la seule allusion aux évènements de cette année là. Notre fille était étudiante à Paris et nous nous inquiétions pour elle. Tout le monde attendait ce discours. Mais pour nous, tout semble se passer à merveille. Le scandale de la « Maison de Verre » n'a pas encore éclaté. Notre projet est sur les rails, l'agence tourne à plein régime, nous avons de bons moments de détente, les enfants réussissent à l'école, la maison Thorel est restaurée, la pelouse du jardin bien verte, ponctuée d'un pas japonais qui contourne gracieusement trois bouleaux[2]. Ces dernières années passées rue du Pinceau furent les meilleures de notre vie.
    En juin 1968, je dépose donc une demande d'accord préalable conditionnant notre achat. Le 15, je rencontre chez lui à Paris Monsieur Trouvelot, architecte en chef des Monuments Historiques. Je l'avais connu 1953, ayant préparé le concours d'architecte des Monuments Historiques. Je lui présente mon projet aux murs rideaux, il me dit : « Oubliez ce que vous avez fait. C'est peut-être cela, mais il faut tout envisager. » Je fais d'autres esquisses très différentes, pierre ou plaquage de pierres et divers percements. Le 17, je visite à Lille Monsieur Patte, conservateur régional du Patrimoine et lui montre mes dessins. Dans l'après-midi, à la demande de M. Trouvelot, je téléphone à M. Sallez, architecte des M. H. chargé de la cathédrale d'Amiens. C'est à lui que je devrais présenter mes études. Je lui en montre plusieurs. Il en retient deux qu'il soumettra à la prochaine Commission des Abords. Un projet très classique en pierre de taille et un mur rideau de fer noir et de verre gris. La commission des abords se réunit rue

---

[2] Trois bouleaux pleureurs, l'arbre préféré de Monique, que nous avions déjà plantés devant notre chalet à Megève et que nous retrouverons sur notre terrasse Place Notre Dame.

de Valois à Paris le 11 décembre 1968. J'y suis convoqué. Elle est présidée par M. Denieul, directeur de l'Architecture au ministère des Affaires Culturelles. Il semble bienveillant. J'apprendrai plus tard qu'il était passé par hasard devant mon petit Hôtel de Ville de Poix en Picardie et avait beaucoup aimé ma façade de verre. On me rapportera en 1970 que devant une grande assemblée d'architectes, il avait cité le parvis de la cathédrale d'Amiens comme l'exemple d'une réalisation intéressante qu'il suivait personnellement.[3] En attendant dans un couloir de la rue de Valois, j'entends les éclats d'une discussion vive et passionnée. Est-ce de moi que l'on parle ? Mais oui ! Le silence se fait et on vient me chercher. M. Denieul me dit : « Je ne peux pas dire que la décision a été prise à l'unanimité, mais nous retenons votre projet de mur rideau. Monsieur Vitry, inspecteur général, est chargé de suivre votre étude. » Joie ! Je pense qu'un an plus tôt, mon mur rideau aurait été refusé. Mais voilà, la révolte des étudiants était passée par là et une grande partie des architectes de la Commission avait été remplacée par de plus jeunes, comme Vogenski, qui défendra passionnément ma maison quand la contestation se déchainera. Je rencontre M. Vitry chez lui à Paris le 21 décembre et je note sur mon agenda : « Accord sans réserve. » Dans l'après-midi, Michel Curie m'interviewe pour le Courrier Picard. Le dimanche 23 décembre, la commission d'Art Sacré du diocèse visite l'église Saint Paul d'Etouvie[4] que je viens de terminer. Après y avoir entendu la messe de minuit, nous partons pour Megève. Joie ! Nous mangeons la dinde aux marrons en famille dans le chalet sous la neige. Le lendemain, avec Monique, les enfants et leurs copains chevelus, nous descendons sous un soleil radieux la piste du Jaillet. L'année 1968 se termine en beauté, Noël est placé sous le signe de l'espérance !

---

[3] Pour justifier mon projet, j'ai été amené à proposer un aménagement d'ensemble de la place.

[4] Un grand carré de 25 mètres de coté dominé par une simple croix de bois. Menuiseries bois, objets du culte en cuivre et murs en bétons bruts sculptés par Pierre Pernot.

Eglise Saint Paul d'Etouvie

Que nous réserve 1969 ? C'est d'abord le calme plat. Etudes et chantiers se succèdent. Ma vie tranquille d'architecte de province se poursuit. Je me lève entre cinq et six heures du matin et prépare mes journées bien remplies. C'est aussi pendant ces deux heures de silence et de solitude que je crayonne mes nouveaux projets. J'y prends un grand plaisir. Pas de calque, mais quelques feutres ou crayons gras sur de simples feuilles blanches. Plutôt sur mon grand bureau Knoll que sur la planche à dessin. L'hiver, la nuit donne du mystère à mon travail, parfois de l'ennui. L'été, le soleil est levé, les merles chantent dans le jardin.[5]

Mais revenons à notre projet de maison de verre. Je retrouve ma grande écriture de l'époque, cette fois-ci sur les feuilles jaunes des minutes de l'affaire que je tenais au jour le jour. Le 24 février, rendez-vous avec M. Estienne[6]. La commission de dérogation aux directives du règlement aérien doit examiner mon projet, qui ne dépasse pas la hauteur réglementaire, mais dont les arbres sur le toit-terrasse... Je lui relate ma rencontre avec le Recteur Mallet. Celui-ci lui a demandé d'écrire directement au ministre de la Culture pour lui faire part de son inquiétude et de

---

[5] Et par la suite, jusqu'à Boulogne, les merles seront toujours au rendez-vous.

[6] Directeur des Services d'Archives de la Somme, il a écrit en 1967, avec François Vasselle, architecte, un livre d'art intitulé 'Le Bel Amiens' consacré à l'histoire archéologique et urbanistique de la capitale de la Picardie et a fondé l'association du même nom.

l'émoi de certaines personnalités amiénoises. « Malraux m'a répondu très vite, » me dit M. Estienne en posant à plat une main sur son bureau. « Une courte lettre disant qu'il s'était entretenu de cette affaire avec son directeur de l'architecture, qu'il approuvait et que la décision ne serait pas changée. »

Je dois donc envisager une opération d'ensemble de l'ilot. Le 26 février, je rencontre Maître Neviasky, notaire de M. Boulot, l'antiquaire copropriétaire de Martin. Il envisage de vendre son fond de commerce une somme astronomique. Je lui dis combien j'ai acheté mon terrain, que le sien vaut bien moins, et que pour en tirer un meilleur prix il pourrait entrer dans la société civile immobilière de Martin. Je ne lui propose pas de placer provisoirement sa boutique sous mon immeuble. Peut-être devrais-je le faire une fois mon P.C. obtenu. En parler à Martin. Revoir ensuite M. Boulot et Maître Neviasky… Il faudra son accord pour déposer une étude d'ensemble. Et que faire du café au rez-de-chaussée de l'immeuble de Martin ? A voir avec Maître Arnaud. …

Lundi 3 mars, je présente à M. Estienne le projet de villa qu'il m'a demandé sur le Parc Delpech. On ne parle pas de mon affaire. Le lendemain, il m'apprend que la dérogation à l'alignement nécessaire pour prolonger la maison de verre est refusée par le préfet qui doit en reparler avec M. Denieul. Estienne pense que M. Denieul tiendra bon, que le préfet tente simplement de donner satisfaction à certaines personnes qui font pression sur lui.

Le 13 mars, visite à M. Bernard, chef du service Permis de Construire de la Ville d'Amiens. Il me montre la lettre que la ville a adressée au M.R.L. (Ministère de la Reconstruction et du Logement.) donnant un avis favorable à ma demande de dérogation. Il m'explique avec tous les détails techniques en quoi on ne peut me refuser le permis, vu que mon projet est moins haut que l'immeuble existant. Je dois en faire le relevé sur place et le faire figurer sur ma coupe. Je dois aussi rencontrer M. Hambert qui représente le Maire à la commission départementale afin de relancer ma demande une fois obtenu l'accord préalable.

Le 14 mars, M. Doublet du M.R.L. m'apprend que MM. Denieul et Vitry ont rencontré aujourd'hui le préfet pour étudier l'organigramme de la toute nouvelle agence départementale des Bâtiments de France. M. le préfet a évoqué mon immeuble et ils ont décidé d'en reparler après le déjeuner. M. Lamare assistait à la réunion mais ne devrait pas y retourner dans l'après-midi. Il faudra que j'en reparle à M. Lamare. Je téléphone à M. Estienne qui me confirme la rencontre, à laquelle il a également assisté. Le préfet a bien reparlé de mon immeuble. Il craint l'opinion publique. Ils se sont tous rendus sur place pour revoir le problème. Ils ont été formels. Le projet doit être réalisé comme prévu. Ils souhaitent même que le front opposé de la place soit traité de manière analogue… avec au besoin des décrochements mordant sur l'alignement. Je crois que M. Estienne leur a parlé de mon idée de boutiques et de galerie couverte au rez-de-chaussée. En tout cas l'idée l'enchante. Je me dis : pourquoi pas la Conservation des Monuments Anciens parmi d'autres bureaux ? A son avis, le préfet va « se rendre. » J'aurai mon permis mais j'aurai contre moi certaines personnalités. Le préfet, le recteur… je lui réponds que cela m'est égal si je construis mon immeuble.

Le 18 mars, visite à M. Beylac. Il me lit la note de M. Rousseau : « Emettre un refus en demandant que le projet soit revu dans un ensemble. » Il me dit que l'opposition ne vient pas de M. Rousseau mais du préfet, du secrétaire général de la préfecture, du recteur… Il me demande si je veux rencontrer M. Rousseau avant de voir directement le préfet. Il m'explique que cela revient à un sursis à statuer et pour cela il faudrait que le plan d'urbanisme d'Amiens ne soit pas approuvé, or il l'est, ou qu'il soit en instance de modification, or il ne l'est pas officiellement. Donc il s'agit d'un abus de pouvoir de l'administration. Il m'assure que je suis en position forte. Il a parlé de cette affaire à Herdhebaut. Celui-ci aurait rencontré le secrétaire général au cours d'un bridge. Il lui aurait dit : « le préfet s'oppose personnellement très vigoureusement à ce projet… on ne peut pas laisser faire ça ! »

Le 19, visite à M. Rousseau, le nouvel ingénieur en chef des Ponts et Chaussées, ami de M. Moccand. Il me parle de ses projets de circulation dans Amiens. La rue des « trois silex » (rue des trois cailloux) rendue au piétons, une voie souterraine et des parcs autos. Une rocade autour du centre ville qui passerait sous le parvis de la cathédrale. MM. Denieul et Vitry soutiennent son projet et souhaitent pour cela une étude d'ensemble du parvis. « Le préfet ne pourra plus s'y opposer. Faites un plan masse et les façades de l'ilot, obtenez l'accord de Vitry et je vous donne ma parole que j'obtiens du préfet votre permis. Tout cela peut être réglé en un mois ! » je manifeste mon doute, il renouvelle sa promesse. Il m'envoie le tracé de la voie souterraine qu'il va créer. Je promets de revenir le voir dans quinze jours. J'obtiens rapidement le cadastre, fais mon étude, téléphone à Vitry. Je relève les façades des bâtiments à conserver, en particulier le pavillon Louis XIII et l'escalier de l'antiquaire. Je le remets à M. Saingeorgie, architecte des bâtiments de France, qui entame la procédure de classement. Je modifie le projet de ma maison pour agrandir la cour devant le vieil escalier et en faire une cour commune. Le projet prévoit la démolition de l'immeuble Martin, du musée de cire, de l'Hôtel des Touristes, jusqu'à la rue Porion. Il consiste en un long mur rideau présentant de légers décrochements, avec au rez-de-chaussée une galerie couverte et quelques boutiques. En étages, un petit hôtel confortable, des bureaux, et au dernier niveau, des logements donnant sur des terrasses jardin plein sud à l'intérieur de l'ilot.

Je prends rendez-vous avec Vitry et lui explique où j'en suis. Il me dit : « Savez-vous que j'y suis retourné depuis notre entrevue ? Ah, j'ai rencontré une vive opposition du préfet ! » Il rit. Je réponds : « je le sais, mais monsieur Rousseau pense en venir à bout… si j'ai votre accord sur l'ensemble de l'ilot. » Bon, d'accord pour jeudi 27 à 14 h 30 précises. J'expose mon projet à M. Rousseau. Il me donne son accord, « sachant que les règlements sont faits pour être transgressés et qu'il faut avant tout faire quelque chose de bien. » Il m'assure que nous le ferons, qu'il va en parler autour de lui et me trouver des promoteurs.

M. Vitry examine à son tour le projet, émet quelques réserves, suggère les attiques en ardoise, me demande de fournir des échantillons des matériaux, un bout de maquette des façades. Il n'aime pas trop le principe des menuiseries métalliques cachant les poteaux en béton. Il ne peut donner un avis officiel avant le dépôt d'un accord préalable qui passera par M. Patte, M. Sally, et c'est finalement la Commission des Abords qui tranchera. En sera-t-il le rapporteur ? Aucune certitude…

Dès le lundi suivant je retourne voir M. Rousseau pour lui faire le compte rendu de ma rencontre avec M. Vitry, présente le projet à M. Moccand, à M. Estienne qui l'approuve et promet de le défendre. Il me faudra ensuite le montrer en mairie à M. Cuminal, qui a signé le premier accord préalable, à M. Humbert qui a assisté à la Commission des Sites, à monsieur le Maire d'Amiens par le biais de M. Humbert, à M. Garet à qui j'en ai parlé il y a quelques jours, à M. le recteur ? À M. Le préfet par le biais de M. Rousseau ? À Maître Arnaud. Comment réaliser cette opération ? En y faisant participer la Caisse d'Epargne : voir M. Garet. La Chambre Syndicale : voir M. Mercier. L'I.L.N. : voir la ville et l'office d'H.L.M. La Conservation de Bâtiments : voir M. Patte. La Chambre des Métiers : voir MM. Huglo ou Camel. Une annexe de la Maison de la culture ? Dans tous les cas, il faudra aussi des capitaux privés : voir Maître Arnaud…

Dois-je déposer ma demande de permis modifiée en fonction du projet d'ensemble en même temps que la demande d'accord préalable ? Faut-il d'abord établir une convention de cour commune ? Pourrai-je obtenir mon permis de construire sur la foi de cet accord préalable concernant l'ensemble, si je l'obtiens ? Le 1er avril, tous mes correspondants répondent aux abonnés absents. Trop de questions auxquelles ils n'ont pas de réponse. Chacun se renvoie la balle, le serpent se mord la queue.

Le 15 mai 1969, nous partons avec quelques confrères visiter Dortmund, la ville allemande jumelée avec Amiens. Nous admirons l'aménagement du centre historique. De nombreuses rues sont piétonnes. Les restaurations de monuments anciens sont raffinées, l'architecture moderne est d'excellente qualité. Dortmund, comme Amiens, a été bombardée et est entièrement reconstruite. La comparaison avec Amiens n'est pas à notre avantage. Au retour de cet agréable voyage avec nos femmes, j'apprends que ma demande d'accord préalable déposée en juin 1968 a été approuvée. Nous travaillons immédiatement à la demande de mon permis de construire, que je porte le 26 juin à M. Bernard, chef du service de la ville. L'instruction de mon dossier commence officiellement et peu après, celle de la « suite », comme nous l'appellerons désormais. J'en dépose la demande de permis le 15 juillet 1969. Le 20 octobre, l' « administration » me demande de nouvelles vues perspectives. M. Roussel m'apprend que mon dossier est revenu du « travail. » Il sera signé dans dix jours. Entre temps, M. Estienne me tient au courant de l'évolution du permis de construire d'ensemble, déposé au nom de la S.C.I l'Angle d'Or. J'appelle M. Denieul. Il envisage de faire délivrer le permis par le ministre de la construction. C'est probablement ce que le préfet souhaite. Il y a un problème d'alignement, qui a été étudié mais pas approuvé. La délibération de la ville ayant eu lieu en juillet, elle sera exécutoire de fait au bout de trois mois. Denieul va prévenir par courrier M. De Broglie, directeur de cabinet de Bettancourt, ministre des affaires Culturelles par intérim. Le 6 novembre, M. Roussel du M.R.L. m'annonce que mon permis de construire est prêt. Ce fut certainement pour moi une grande joie. Après 16 mois, bien des heures passées et de fortes émotions, j'avais réussi. J'allais pouvoir construire la maison de mes rêves. Je pensais bien que je serais critiqué, mais je ne savais pas ce qui m'attendait, bien que soutenu par les plus hautes instances de l'administration. Enfin, j'étais sûr de moi, pas un instant je n'ai douté que ma maison soit mon chef d'œuvre. Et puis je caressais un rêve encore plus grand, celui de réaliser la rive sud du parvis, et peut-être l'aménagement de toute la place.

    Je m'applique à mon dossier d'exécution, choisis l'excellent bureau d'étude Lepetit, capable, sérieux et inventif, et son meilleur ingénieur, M. Richard. Pour ne rien laisser au hasard, j'établis les plans, coupes et façades à l'échelle du 1/20°. Jamais je ne l'avais fait auparavant. Je dossier est bouclé le 31 décembre, le démarrage du chantier prévu début mars, la livraison le 1er janvier 1971. Y arriverons-nous ?

Comme chaque fin d'année, nous passons les fêtes de Noël et du Jour de l'An à Megève, où nous retrouvons nos vieux amis des années 50. Le 27, nous rencontrons les Garlantézec au mont Joux. Lui est un architecte que j'ai connu à l'Ecole Supérieure d'Architecture. Le 28, c'est Maurice Silvy que j'avais rencontré chez Laprade et qui est devenu un disciple de Jean Prouvé. Le 31, par un ciel bien gris, visite d'Avoriaz tout juste sortie de terre. Le premier janvier 1970, je lis : « Il neige, on range le chalet. » Retour à Amiens sous la pluie. Je reprends le collier lundi 5, bien reposé, plein d'énergie. Il le faut, car les études avancent et les chantiers se succèdent. Collège de Poix, centre Hospitalier Régional, H.L.M. de Roye, église de Doullens, extension de la Banque de France…

Le 19 mars, première réunion de chantier place Notre Dame avec l'entreprise de gros œuvre Setra.

Le terrain avant le démarrage des travaux

Ministère des
Affaires Culturelles

5 rue de Valois, Paris 1er

Direction de l'Architecture
Protection des Abords des Monuments Historiques

Le 5 mars 1970

A Monsieur le Directeur départemental
de l'Equipement de la Somme
A l'attention personnelle de M. Rousseau

Objet : Somme – Amiens – Cathédrale – Projet de reconstruction du coté sud de la place Notre Dame (parvis)

    La demande de permis de construire présentée par la Société Civile Immobilière de l'Angle d'Or pour édifier des immeubles modernes en emplacement de ceux existant sur le côté sud de la place Notre dame formant le parvis de la cathédrale d'Amiens sera examinée par la Commission Supérieure des monuments Historiques (2ème section – abords) le mercredi 11 mars prochain à partir de 19 heures. Cette assemblée de réunira dans la salle Richelieu du Ministère des Affaires Culturelles, 3, rue de Valois – Paris 1er.
    Je vous serais obligé de bien vouloir participer aux travaux de cette assemblée.

Robert Oddos
Chargé des Sites et des Espace Protégés

La commission est présidée par Michel Denieul. Y participent MM. Taquet, J.P. Paquet, Trouvelot, Sally, Patte, et le rapporteur B.Vitry, tous favorables. M. Patte souhaite même que je réalise le nord de la place. Une seule critique de M. Taquet, très nuancée d'ailleurs. Il m'est demandé de faire une architecture de grande qualité. Sachant que « nous serons critiqués… » Fin de la séance dans l'euphorie générale. Y assiste avec moi M. Calippe, notre promoteur. Le soir même, je téléphone le résultat à Jacques Arnaud. Le lendemain matin à M. Rousseau.

Le 8 avril, premier article du Courrier Picard : « Près de la cathédrale, on démolit l'ancien hôtel de l'Angle d'Or. »[7]

Mon agenda est de plus en plus chargé. Le 26 mai, nous sommes invités à diner avec Maurice Silvy chez les Belmont, à Paris, au dernier étage d'un immeuble que Joseph Belmont a construit rue de la Glacière. Il a imaginé sur la terrasse un grand appartement plein de cloisons coulissantes. Il a vécu au Japon où il a réalisé l'ambassade de France. Quelques mètres de jardin entourent entièrement la maison sur le toit. Nous admirons la coupole du Panthéon et tout Paris à travers des bosquets d'arbustes. Il deviendra directeur de l'architecture en 1978, probablement le premier et le dernier architecte nommé à ce poste…

---

[7] N.D.R. : L'hôtel de l'Angle d'Or était frappé d'alignement dans le plan de reconstruction de l'après guerre, mais avait tenu bon. Il est depuis longtemps à l'abandon, hormis la boutique de l'antiquaire M. Boulot. Le promoteur Calippe lui rachète pour construire la « suite » de la maison de verre. Il menace de s'effondrer et on décide de le démolir pour la commodité du chantier de la maison de verre, qui est mitoyenne. Je pense à postériori que c'était une erreur stratégique, car si on l'avait conservé jusqu'à la fin du chantier, la maison de verre serait apparue en léger retrait par rapport à lui au lieu de s'avancer témérairement sur le parvis à côté d'un terrain vague. C'est peut-être cela qui a mis le feu aux poudres.

Chapitre 6
La contestation

Début juin 1970, M. Raymond Dewas m'apprend par téléphone qu'il va entrer en campagne contre « ma maison de verre. » Je me revois encore dans le séjour de notre maison, 3 rue du Pinceau, debout près de la cheminée, le téléphone posé à droite sur un guéridon. Il termine ainsi : « Monsieur Bougeault, si vous persistez à vouloir construire votre maison, nous sommes nombreux contre et… nous irons si besoin jusqu'à des sévices corporels ! » cela me sembla tellement énorme que je n'en parlai à personne en dehors de ma famille. Cela impressionna et inquiéta beaucoup ma femme. M. Dewas était conseiller municipal depuis de nombreuses années, et de surcroit adjoint à l'urbanisme… je ne l'avais rencontré qu'une seule fois quelques années auparavant dans de curieuses circonstances. Il m'avait convoqué à son usine installée dans une petite rue de notre quartier. Il avait inventé dans sa jeunesse une machine à tisser. Son affaire avait dû être prospère mais elle me parut ce jour là ne pas avoir changé depuis sa construction. Ce devait être un jour férié car il n'y avait pas d'ouvriers. Il me fit entrer lui-même par une porte grillagée dans un vestibule sombre. C'est là qu'il me reçut debout. Sur un ton désagréable et impératif, il me demanda de m'occuper de l'entretien d'immeubles qu'il possédait à Paris, sans m'en dire grand-chose et termina ainsi : « Et je sais que vous avez un appartement à Paris, donc pas question de frais de déplacements ! » Je ne sais plus ce que je lui ai répondu, mais inutile de vous dire que je refusai sa proposition. Il était sans doute habitué à être obéi, car je l'ai quitté fort mécontent. Je ne pense pas que mon refus puisse expliquer son acharnement futur. Comme beaucoup, il s'est lancé très sincèrement dans ce combat. Une maison de fer et de verre devant la cathédrale représentait pour ces gens un véritable sacrilège. Curieusement, quelques mois plus tard, je rencontrai son fils Philippe, au cours d'un voyage en Angleterre organisé par l'association Amiens-Demain. Nous visitions les New Towns construites autour de Londres et je me retrouvai à l'hôtel dans la une chambre double avec lui ! Nous avons immédiatement sympathisé. Aucune ressemblance avec son père. Un homme gai, sociable et cultivé que je fréquentai par la suite. Il vivait encore chez ses parents dans une grande villa des boulevards extérieurs et n'aimait pas parler de son père.

Le 19 juin, je suis invité à présenter mon projet devant le conseil municipal. Dans son numéro du 22 juin, sous le titre « La cathédrale, objet d'une querelle entre les anciens et les modernes, » le courrier Picard parle d'une « escarmouche » à propos de l'intervention de M. Dewas. Suivit un débat passionné qui dura plus d'une heure. Monsieur Vast, le Maire, défendit la maison de verre et le permis de construire de 'la suite' fut en effet délivré trois jours après.

Dès le 24 juin, la contestation va trouver une excellente tribune dans le petit journal publicitaire gratuit Contact 80, dirigé par l'imprimeur P. Treilhou. L'architecte Gérard Ansart, président de la Société des Rosati Picards, y proclame son inquiétude et son indignation face à la décision d'un pouvoir centralisé. « Le projet, dû à un architecte de grand talent, possède à n'en pas douter un ordonnancement et un emploi de matériau qui donne un style de classe à notre époque moderne, mais si le jaillissement du témoin du passé peut témoigner en s'élevant au milieu d'un ensemble unifié, fut-il même d'avant-garde, nous redoutons le « composite » qui résultera nécessairement de la juxtaposition brutale, sans transition, d'éléments extrêmement modernes avec les constructions existantes. Cela produira l'effet d'une fausse note dans un concert. »

Le 27 juin, le Courrier Picard annonce la création d'un « Comité de sauvegarde de l'environnement de la cathédrale d'Amiens. Président : Mme Vasse-Robiaud, vice-président : Me Etienne Bacrot, secrétaire : M. Hubert Balédent, membres : M. Gérard Ansart, M. Raymond Dewas, le Docteur Bernard Perdu, Mlle Paule Roy, M. Guy De Tourtier, M. Philippe Treilhou. Les personnes qui désirent adhérer à cette association sont priées de s'adresser au n°12 rue du Lin. »

Le 29 juin, M. Maurice Vast, maire sortant, prendra la tête d'une liste aux élections municipales prévues au printemps 1971. Le Parti Communiste lui opposera M. René Lamps, député.

Le 30 juin, interview et croquis de Bernard Bougeault sur une double page du Courrier Picard, « **Peut-on vivre à l'ombre d'une cathédrale ?** »

Les journalistes retracent en préambule toutes les démarches administratives qui ont permis au projet de voir le jour.

Bernard Bougeault : « Mon choix a été déterminé par la présence de la cathédrale... J'ai toujours aimé l'ancien, et en particulier l'art gothique... Dès le début, j'ai imaginé quelque chose de contemporain... Je ne peux utiliser que le langage de mon époque. Parler aujourd'hui le langage du XVIII° siècle serait ridicule, incompréhensible. Et l'on ne pourrait pas exprimer ce qui est aujourd'hui... Celui qui aime son métier ne peut pas faire un jour un style et le lendemain un autre. Cette démarche ne me semble pas incompatible avec l'art gothique. Le problème qui se pose n'est pas tellement une question de style. La cathédrale elle-même ne présente pas une unité de style. Ce qui s'impose surtout en elle, c'est une expression plastique énorme, une unité de matière. C'est une véritable montagne de pierre, et parce qu'elle est gothique, quelque chose de populaire et de vivant. J'ai recherché une sorte de communication avec elle. Et, vraiment, ce que j'ai fait est venu en sa présence. J'ai voulu un volume bas, une grande simplicité d'expression, une unité de matière et de couleur, une architecture vivante, donc d'aujourd'hui. La pierre, ça n'existe même plus aujourd'hui, on ne sait plus l'exploiter. Le matériau de notre époque, c'est le fer et le verre. A l'unité de pierre, j'ai voulu répondre par l'unité d'une autre matière. La façade est un mur-rideau de verre au 'colombage' de fer noir assez serré, au rythme vivant, qui évoque les pans de bois de la maison du XII° siècle à l'angle opposé de la place, elle-même un beau pastiche plein de sensibilité. J'ai voulu quelque chose de discret, de complexe et de vivant, trois épaisseurs distinctes de meneaux, trois largeurs différentes de pans de verre, des décrochements irréguliers, des volumes un peu bousculés. En même temps qu'une unité de matière, j'ai recherché aussi une unité de couleur. Le fer est noir mat, le verre gris foncé. Cela ne donne pas quelque chose de transparent comme un aquarium, mais l'effet d'un volume plein, fermé. L'attique en retrait est habillé d'ardoises sombres, le soubassement en béton brut de décoffrage.

   –On vous reproche de manquer de respect à la cathédrale, qu'en pensez-vous,

   -L'attachement, c'est plus que le respect. Il vaut mieux essayer de comprendre la cathédrale, de l'aimer, d'être touché par elle, que la respecter. On en arriverait à ne plus rien faire autour, à la laisser dans un désert mortel, ce qui est le cas aujourd'hui. Créer une animation autour d'elle est plus fidèle à l'esprit des constructeurs de cathédrales que cette fausse notion de respect. Dès que l'on fait le vide autour d'un monument, c'est mauvais. Les moulures et les sculptures étaient faites pour être vues d'en bas, 'à cou cassé'. C'est aussi pour répondre à ce besoin d'animation que le rez-de-chaussée a une vocation commerciale. Quelques boutiques en feront un lieu de rencontre pour les amiénois et les touristes.

-On vous reproche de glisser une fausse note dans un concert.

-Pour l'instant, le concert se joue devant une salle vide. Je ne me considère pas comme un ultramoderne. On va maintenant vers une architecture-sculpture qui est très différente de ce que je fais. Je suis un 'classique'… J'ai surtout recherché quelque chose de très calme, quelque chose de fermé, de paisible. Je n'ai pas cherché à plaire ou à choquer. Je ne suis ni exhibitionniste ni révolutionnaire. J'ai plutôt l'impression de suivre une tradition, de proposer ici un support discret, une structure d'accompagnement.

-La contestation s'organise. Qu'en pensez-vous ?

-Je ne comprends pas que l'on puisse mettre en doute les compétences du Directeur de l'Architecture du Ministère des Affaires Culturelles, de la Commission Nationale des Abords, de l'Inspecteur général des Monuments Historiques responsable de Notre Dame de Paris, du Conservateur Régional des Bâtiments de France, de l'Architecte en Chef des Monuments Historiques, du Délégué Régional aux Affaires Culturelles et bien d'autres autorités qui connaissent parfaitement le projet. »

Alice Petit conclut ainsi son article : « La vie d'Amiens doit pouvoir s'exprimer d'une façon qui lui est propre. Ce n'est pas d'un décor dont nous avons besoin, si prestigieux soit-il, mais d'un milieu urbain vivant qui soit à la fois le langage et le lieu de rencontre de ceux qui l'habitent aujourd'hui. Ou alors, le cœur de notre ville serait-il de pierre ?

Ce même 30 juin à 14 heures, M. Treilhou laisse un message à ma secrétaire : « Avez-vous pensé au manque de pression qu'il risque d'y avoir pour l'aquarium et comment allez-vous le remplir ? »

Le 1er juillet, la Société des Antiquaires de Picardie envoie une lettre au Ministère des Affaires Culturelles demandant l'arrêt immédiat de la construction et que le projet soit reconsidéré.

Je suis convié à présenter le 3 juillet mon projet d'ensemble à la commission d'étude du Conseil Municipal. Maurice Vast, le maire, ajoute à la main : « Des tas de gens vont répondre 'contre' sans savoir de quoi il s'agit. Ça pue la politique !! » J'apporte esquisses, perspectives et maquette, fais passer des documents dans le public et présente mon projet avec une certaine aisance devant une salle comble. Je suis félicité par M. Alavoine, maire adjoint et par beaucoup d'autres. Les seuls 'contre' sont Dewas et Treilhou. A la fin de la séance, un incident provoque la colère d'un groupe de personnes. Quelqu'un a vu Treilhou glisser dans son porte-documents une photo que l'avais apportée. Il est confondu et rend la photo sans perdre son aplomb.

Le lendemain, Dewas ne manque pas non plus d'aplomb et me demande par téléphone de lui prêter cette photo du chantier prise depuis la rue Dusevel. Je refuse et, bon prince, lui propose de refaire mon exposé devant ses amis. Il en prend bonne note (il ne donnera pas suite) et me dit : « Vous jouez à l'apprenti sorcier, vous êtes l'ennemi des amiénois. Vous ne soupçonnez pas ce que vous allez déclencher dans les semaines à venir. »

Dans un article du Courrier Picard le 23 juillet, on apprend que la lettre de la Société des Antiquaires et le télégramme des Vieilles Maisons Françaises au Ministre Michelet sont restés sans réponse, mais que M. le Président de la République, dans sa réponse au Comité de Sauvegarde, a fait savoir qu'il s'intéresse personnellement à cette affaire.

Le 24, M. Dewas réclame l'arrêt des travaux dans une lettre ouverte au maire. Le 5 aout, réponse négative du maire publiée également dans le Courrier Picard. Le chantier continue. Nous décidons cependant d'arrêter les travaux pendant le mois d'Aout.

Je pars avec mon fils ainé en croisière du 2 au 9 aout. Nous avions déjà quelque expérience en navigation et étions tombée en arrêt, dans la cour du Sheep Chandler du Touquet, en baie de Canche, devant un petit voilier tout neuf en cours de gréement. Un profond quillard de sept mètres en bois. Ainsi à sec sur son ber, il était impressionnant. Nous rêvions autour quand son propriétaire nous proposa d'embarquer. Banco ! Rendez-vous à Boulogne, quai Gambetta à 20 heures. Nous le reconnûmes difficilement dans ce grand port marchand. Le Mylord paraissait tout petit au milieu de tant de beaux bateaux, son pont si bas sur l'eau. Enfin, impossible de reculer… Nous traversons la Manche de nuit, profitant des phares français, puis anglais, tout en évitant les cargos que nous croisons sans cesse sur cette autoroute maritime. Puis nous suivons la côte anglaise, relâchant dans d'adorables petits ports jusqu'à Poole. Nous revenons par le Solent, bras de mer entre l'ile de Wight et l'Angleterre, longeons même le yacht de la Reine d'Angleterre, un gros vapeur de plus de cent ans. Notre skipper n'est pas très loquace, mais l'agréable promenade se termine par une nouvelle nuit en mer sous un ciel étoilé. Au petit matin du 9, nous débarquons à Boulogne, aérés, bronzés, détendus, heureux de ce début de vacances improvisé. J'avais tout à fait oublié le boulot.

Je trouve dans la boite aux lettres de la rue du Pinceau un pli urgent daté du sept. M. Hurand, directeur de cabinet du préfet, me demande de le contacter. Je suis convoqué le 11 devant la maison de verre, qui n'est encore qu'une carcasse en béton. Le Courrier Picard du 12 relate cette visite que j'aurais regretté de manquer. Il titre : « L'environnement de la cathédrale : M. de Broglie, du cabinet de M. Michelet, est venu juger sur place afin d'informer le ministre des Affaires Culturelles » Sont présents MM. De Broglie, Vast, le maire d'Amiens, Estienne, délégué aux affaires culturelles, Rousseau, directeur de l'Equipement, Patte, Conservateur régional des Monuments Historiques, Cuminal, adjoint au maire aux Beaux Arts, Mlle Paule Roy, des Rosati picards, Mme de Clermont Tonnerre, présidente de l'Association de Vieilles Maison Françaises. Mme Vasse-Robiaud, présidente du Comité de Sauvegarde de l'Environnement de la Cathédrale. Suivit une réunion à la préfecture.

Photos de la rencontre prises par Le Courrier Picard

Le 12 aout, nous partons en famille à Megève. Je note : « Arrivée à Megève par un temps magnifique. » Nous avions construit ce petit chalet en 1954 grâce à la prime destinée aux constructions modestes. Et il l'était ! Le petit terrain triangulaire en contrebas de la route était très en pente, ce qui m'avait obligé à disposer les chambres au niveau inférieur. Je l'avais voulu de style contemporain, minimaliste, avec un toit en bac acier de faible pente. Nous avions une belle vue sur la vallée, mais ce chalet n'était déjà pas du goût de tout le monde. Certains l'appelaient 'la boite d'allumettes' ou 'le théâtre de guignol' et dans les années 80, le nouveau propriétaire le transformera en chalet tyrolien.

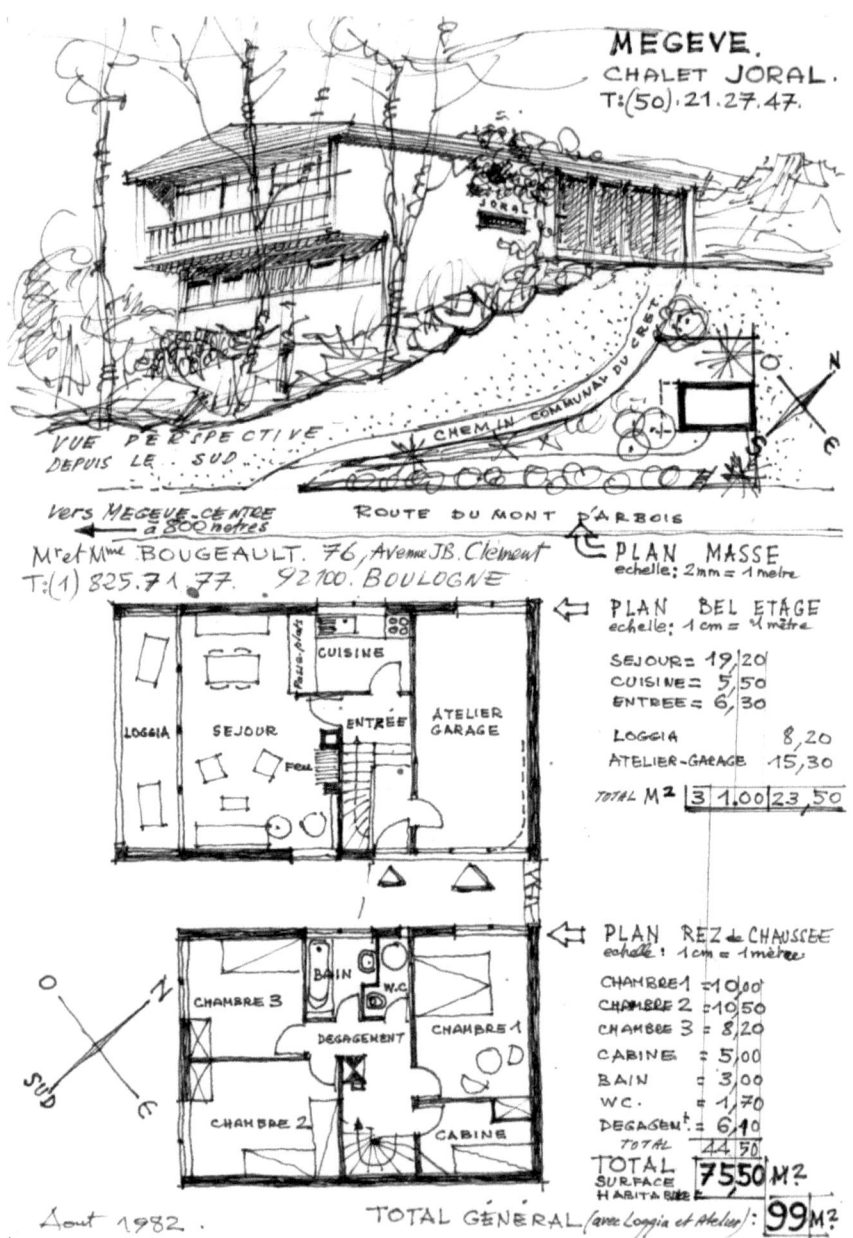

Retour à Amiens le 29 aout. Je ne suis pas de très bonne humeur, mais un article encourageant nous attend dans le journal Le Monde. « A Amiens, querelle autour du parvis de la cathédrale, de notre envoyée spéciale Michèle Champenois. » J'y relève les citations de M. Denieul, qui m'a toujours soutenu dans ma carrière et à qui je dédie ce mémoire : « Il faut éviter qu'aux abords des monuments historiques fleurisse systématiquement le pastiche. La présence du monument, au lieu de faire renoncer à toute personnalité, doit être une 'provocation' à la création d'une architecture de qualité. La commission a pris en considération la qualité du projet et celle de l'architecte, et surtout, elle a estimé que les autres constructions de la place étaient trop médiocres pour être 'contraignantes'. On ne peut faire le pastiche du pastiche, imiter quand il n'y a rien à imiter. » La journaliste cite Le Corbusier : « Les cathédrales sont celles des autres – des morts. Elles sont noires de suie et rongées par les siècles. Nos cathédrales à nous ne sont pas encore dressées… »

Contact 80 publie le 9 septembre un nouvel article diffusé à 53 000 exemplaires (contrôlé par huissier) : « De qui se moque-t-on ? Pendant combien de temps encore, Amiens sera-t-il en butte aux 'errements' de l'Administration centrale ? A nos lecteurs de juger ! » illustré par une photo du chantier au premier plan, cachant les trois quarts de la cathédrale (Cette fameuse vue depuis la rue Dusevel).

La photo choc de Contact 80

La vie de l'agence reprend son rythme trépident, et au milieu de tout cela, presque une réunion de chantier par jour place Notre Dame.

Le 25 septembre, le Courrier Picard publie en gros titre : « **L'ENVIRONNEMENT DE LA CATHEDRALE. Le Ministre des Affaires Culturelles écrit : 'Je maintiens l'avis favorable au projet de M. Bernard BOUGEAULT, intéressante recherche, sobre et de qualité.'** » Au début de la séance du Conseil Municipal, M. Pierre Garet, vice président du Sénat, a donné lecture de la lettre que lui a adressée M. Michelet. M. Wiltzer a communiqué la décision du Ministre aux adversaires du projet. Faisant sienne la thèse du ministre d'état, le Préfet souhaite que l'opinion se persuade de l'argumentation du Ministre des Affaires Culturelles 'essentiellement basée sur les impératifs architecturaux et esthétiques qui s'appliquent à l'environnement des édifices monumentaux comme la cathédrale' »

Articles également dans Le Monde et Le Figaro.

Dans le Courrier Picard, le Comité de Sauvegarde publie un communiqué dans lequel il condamne « un renouveau à tout pris qui se cherche dans le reniement des valeurs passées. Nous continuerons de clamer notre sentiment et à lutter de toutes nos forces pour obtenir la destruction de la Maison de Verre. »

Contact 80 publie le 7 octobre : « Merci Monsieur le Ministre. » et reprend la photo depuis la rue Dusevel.

Minute, l'hebdomadaire d'extrême droite du 8 octobre : « Vandalisme à Amiens : **UN BUILDING DEVANT LA CATHEDRALE !** C'est un attentat, un sabotage, un acte de vandalisme intolérable qui est en train de se commettre sous les yeux du public avec la complicité des plus hautes autorités du pays contre un des plus beaux joyaux du XIIIe siècle, la cathédrale d'Amiens. Avec stupéfaction, à leur retour de vacances, les amiénois découvraient la carcasse, déjà haute, d'un building-boîte à savon, tout en verre et en acier, barrant monstrueusement la perspective de leur cathédrale… Bernard Bougeault massacre un site que les bombardements de la guerre n'étaient pas parvenus à démolir... Il a eu le droit d'édifier son cube, d'y installer ses bureaux et son appartement. Un gros notaire et deux agents immobiliers vont venir prolonger cet immeuble... c'est leur building qu'il faut stopper tout de suite et mettre à la casse... il est vrai que ledit Bougeault n'est pas n'importe qui, il a des relations... il aurait même des affinités avec l'UDR. Monseigneur Duhamel, archiprêtre de la cathédrale, se lamente. »

Le 9 octobre, M. Yvora, inspecteur à la Préfecture de Police, m'informe de cet article très extrémiste de Minute, qui me met en cause, ainsi que le préfet et le maire. Il suit cette affaire de très près et me pose quelques questions sur le bâtiment en chantier.

Le 14 octobre, le préfet Pierre-Marcel Wiltzer nous envoie à moi et au promoteur Calippe un courrier pour nous assurer que « la demande de permis de la deuxième tranche est sur le point d'être achevée. »

Le 18, décès du Ministre Edmond Michelet. Qui va le remplacer ?

Le 22, le journal étudiant Aclea publie un entrefilet humoristique : « En dernier ressort, l'ACLEA propose, puisqu'on ne peut plus arrêter les travaux et l'édification de l'immeuble en cause, de reconstruire la cathédrale un peu plus loin. En s'y mettant tous, cela irait si vite que les pigeons, pris de panique, se réfugieraient sur l'immeuble moderne. Et le méchant architecte pleurerait de rage devant le fruit de son imagination tout souillé. »

Images du bulletin de l'Aclea

La Voix du Nord du 23 octobre ; « Bataille autour de la cathédrale d'Amiens. »

Le Courrier Picard du 7 novembre : « Au conseil municipal, Monsieur Dewas évoque le projet d'une seconde Maison de Verre que M. Bougeault doit réaliser rue de la République pour l'agrandissement de la Banque de France. 'Projet aussi catastrophique que celui de la cathédrale' –Ne vouliez-vous pas, lui demande le maire, Maurice Vast, que l'on construisit des maisons de verre ailleurs que près de la cathédrale ? »

Combat, le 25 novembre : « Une fausse menace sur la cathédrale d'Amiens. » par Bernadette Godet, qui défend le parti contemporain avec conviction.

Début décembre parait le n°12 de la docte Revue des Deux Mondes. De la page 668 à la page 674, un article de Yvan Christ sur la maison de verre : « **L'art dans la cité, Amiens et la mécanitecture.** » « …un immeuble métallique est en cours d'achèvement sur le parvis de Notre Dame d'Amiens… un nouveau Robert de Luzarches nous serait né… à quelques mètres du triple portail d'Amiens, c'est un 'mur rideau' qui vient d'être impavidement dressé par une volonté délibérée de l'architecte… l'immeuble réputé fonctionnel opposera désormais sa mécanitecture à l'architecture de l'œuvre gothique… 'nous n'avons plus le génie de ces siècles. L'industrie a remplacé l'art' (V. Hugo) Car enfin, à l'ombre de cette architecture qui, dans la plus humble de ses pierres… est marquée par la main de l'homme… que sont donc ces morceaux de fer et de verre… façonnés par quelque machine… l'on s'obstine, avec une force singulière, à faire cohabiter le bien et le mal, partout où l'impuissance du passé est soumise à la toute puissance du présent… je reconnais qu'il est plus expéditif de confectionner un puzzle que de dessiner une façade. Mais je suis sans doute trop exigeant… Pécher par omission est moins mortel que pécher par action… La modestie est une éminente vertu. Elle n'a pas été pratiquée au pied de Notre Dame d'Amiens… Y.C. (Erratum – Dans ma chronique de novembre, il fallait lire 'désacralisation' et non 'décentralisation'.) »

Je relate ici un petit incident qui aurait pu être lourd de conséquences. J'en fixe le dénouement exact pendant que cela est tout frais dans ma mémoire… ceci pour la petite histoire de cette affaire qui a fait couler beaucoup d'encre. Le 16 décembre 1970, nous sommes reçus Maître Jacques Arnaud et moi par M. Hurand, chef de cabinet du préfet. Un homme jeune, mince, fin, très intelligent, extra sensible et cependant ambitieux, d'une énergie rare… Un Servan Schreiber jeune, me dis-je. Bureau d'époque, boiseries patinées, portes capitonnées de velours cloutées de cuivre, lustre en cristal. Notre entretien sera interrompu par deux coups de téléphone très 'politiques'. Jacques, dans une forme éblouissante, 'attaque' ferme… trop directement, à mon avis, sur le sujet principal de notre visite, la suite de la place Notre Dame. Soudain, Monsieur Hurand l'interrompt : « Enfin, messieurs, quel est ce bruit ? » En effet, depuis un moment, peut-être depuis notre arrivée, j'entendais un ronflement que je prenais pour un bruit de chauffage central ou de climatiseur. Je réponds : « Oui, en effet… » Et tout à coup, je réalise qu'il s'agit de mon mémo-pocket, petit magnétophone de chantier que j'ai dans la poche de mon pardessus et qui s'est mis en marche tout seul. Immédiatement, je le sors, l'examine et l'arrête. En bout de bande, la bobine coincée, le moteur provoque ce ronflement. Je n'imaginais pas encore ce qui allait se passer… M. Hurand se lève, furieux : « Messieurs, puisque c'est ainsi, je vous prie de prendre la porte ! » Il se précipite, ouvre la porte et répète sa phrase très fort. Je réalise tout à coup avec effroi ce qu'il suppose. Maître Arnaud aussi, qui passe du très rouge au très pale. Je crie à mon tour aussi fort : « Non, monsieur, nous ne sortirons pas. Je suis un honnête homme, ce procédé serait odieux, je vous donne ma parole que je ne cherchais pas à enregistrer notre conversation. Ceci est mon mémo-pocket de chantier. Je viens de quitter la réunion où je l'ai utilisé. Il est resté dans ma poche et s'est mis en marche tout seul. Je vous assure, tous mes entrepreneurs pourront vous le dire, je dicte tous mes compte rendus sur cet appareil. D'ailleurs, vous avez vu comment je l'ai sorti spontanément de ma poche quand j'ai réalisé ce qui se passait. Je vous en donne ma parole. Je vous le jure sur ce que j'ai de plus cher ! M. Hurand semble tout à fait me croire, il referme la porte et se rassoit à son bureau. Craignant qu'il ne lui reste un doute, je rembobine le magnéto et lui fait écouter mon compte-rendu. Je veux que nous écoutions toute la bande au cas où quelque chose aurait été enregistré. Il proteste et veut m'en empêcher. Je pose l'appareil sur son bureau en lecture à faible volume alors que notre conversation reprend. Mais cet engin qui tourne et marmonne près de lui agace M. Hurand. Je l'arrête et le rempoche. Hurand s'écrie : « Messieurs, je vous crois, l'incident est clos ! » Le reste de l'entretien se passe normalement, courtoisement et même avec beaucoup de compréhension de sa part. Je sors mon plan d'ensemble et défends mon projet : « - Le dernier obstacle concerne ces atermoiements par rapport à l'arrêté d'alignement qui n'aurait pas été régulièrement obtenu. Pourtant le permis de construire de ma maison s'était basé dessus et M. le préfet nous assurait que tout était prêt pour qu'il signe. Il nous l'a dit... - Et écrit. Pourquoi ne lui demandez-vous pas vous-même ? – Nous voudrions bien. C'est pourquoi nous lui avons demandé un rendez-vous par votre intermédiaire, mais pas de réponse. – Vous avez compris que je faisais le mort... (Sourire désabusé) et comprenant cela vous avez agi comme ceci... » (Grand geste significatif voulant dire que nous nous étions adressés plus haut) (sourires de connivence) Je confirme la réunion prévue lundi prochain avec M. Noiret Cosson et M. Saingeorgie des Bâtiments de France. « Noirot », me reprend M. Hurand. « Oui, Noirot. Et j'espère que nous trouverons lors de cette réunion une solution à ce problème. »

Le 23 décembre 1970, obsèques de mon prédécesseur Maurice Thorel. L'église Saint Jacques est pleine, le 'tout Amiens' est là. Beaucoup l'accompagnent au cimetière de la Madeleine. La famille a une belle tombe qu'il a dessinée. Il nous quitte juste avant que nous n'abandonnions sa maison. Il a vu ma Maison de Verre presque achevée. Qu'en pensait-il ? Sa bonne étoile me protègera-t-elle encore de la vindicte amiénoise ?

Le 28, M. Rousseau, directeur de l'équipement, attire mon attention par téléphone sur l'aspect devenu politique de notre affaire. Il est déjà au courant de l'incident du magnétophone. Hurand l'a raconté au préfet, au secrétaire général et à lui. Il tenait à me prévenir. Jusqu'où cette malheureuse histoire a-t-elle été ébruitée ? Comment a-t-elle été déformée ? Je suis heureux d'en donner ici la version authentique.

L'année 1970 a été compliquée et éprouvante. Elle se termine par de nombreuses réunions administratives afin de faire avancer le dossier de l'Angle d'Or. Mais la suite de la rive sud du parvis est loin d'être acquise. La contestation essaie à tout prix d'empêcher le préfet de nous délivrer le permis, d'autant que Pierre-Marcel Wiltzer attendrait sa mutation. En outre, depuis la mort du ministre Edmond Michelet, que remplace André Bettencourt par intérim, les autorités parisiennes se font plus discrètes. Une incertitude sur l'arrêté d'alignement semble être le bon prétexte pour attendre les élections municipales de 1971. Quoi qu'il en soit, la Maison de Verre est achevée.

Chapitre 7
Enfin, nous y sommes.

La maison de verre a été construite en sept mois grâce à des plans d'exécution très précis, à des entreprises dévouées, à une surveillance des travaux quasi-quotidienne, sur un petit terrain de 201 m² au sud du parvis de la cathédrale, en son extrémité la plus éloignée. La façade donnant sur le parvis fait 9 m de large. Sa plus longue façade donne sur la rue Dusevel, entièrement reconstruite après la guerre dans le style de la reconstruction. A l'intérieur de l'ilot, une cour commune donne le jour sur un pavillon et un escalier en bois Louis XIII. J'ai voulu que ce raccordement au tissu urbain existant soit exemplaire. Cette cour commune permet la confrontation de deux architectures séparées de quatre siècles, chacune parlant le langage de son temps, la plus jeune s'employant à réussir la greffe. Le bel escalier extérieur en bois fait face et se reflète dans le mur rideau et ce décor est visible de toute la maison. M. Denieul, Directeur de l'Architecture, disait volontiers de notre maison : « C'est un hôtel particulier du vingtième siècle. » le plan s'est imposé dès le début avec évidence. Il comprend :

Un sous-sol complet avec salle de jeux, labo photo, tirage de plans, archives et cafeteria donnant en cour anglaise sur la cour commune.

Un rez-de-chaussée libre et ouvert présentant de gros piliers en béton, l'entrée de l'immeuble et deux garages au fond.

Un premier étage de bureaux consacré aux 'écritures' et aux réunions.

Un deuxième étage de bureaux consacré à l'étude et au dessin. Au fond, mon bureau et mon petit cabinet 'secret' où je devais crayonner en paix mais qui devint vite un vulgaire débarras, donnant sur les jardins des chanoines et leurs oiseaux.

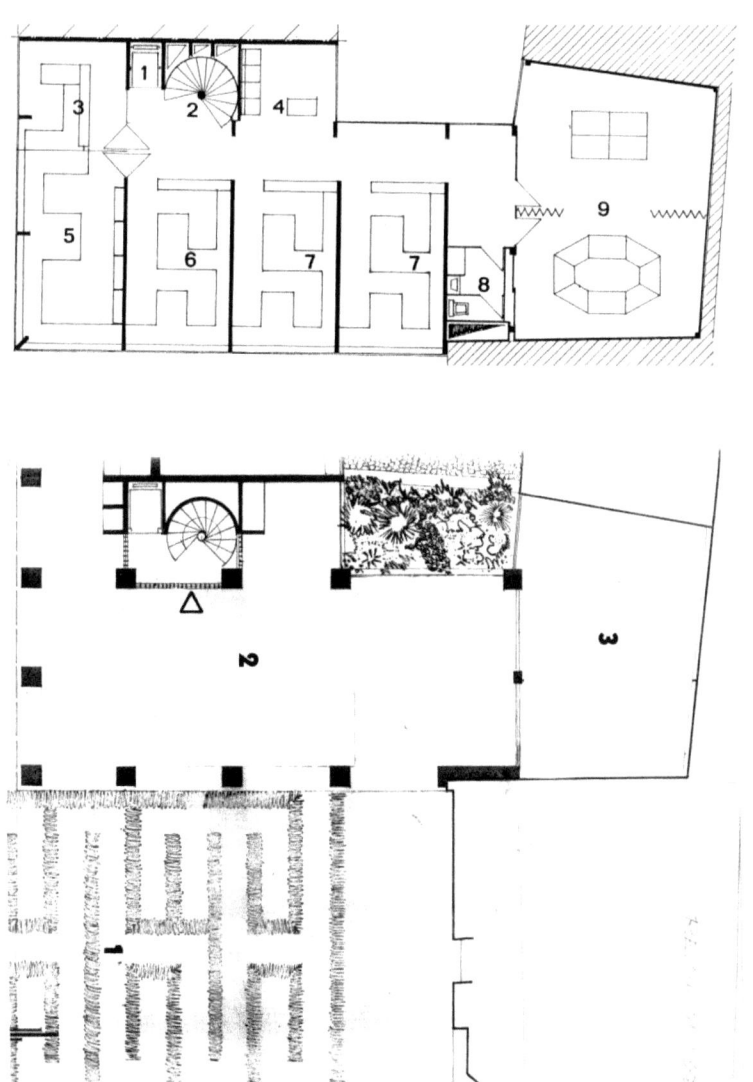

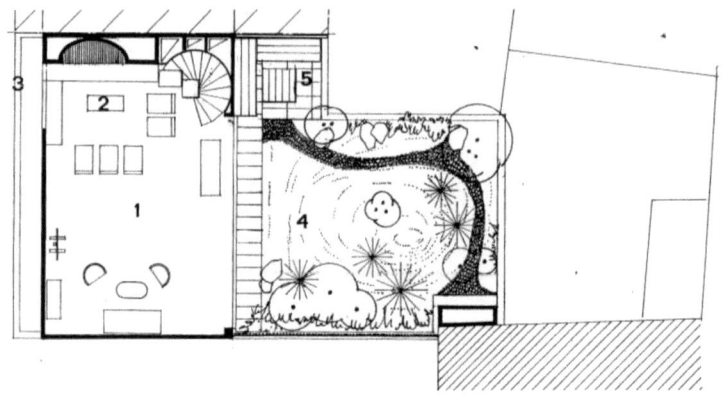
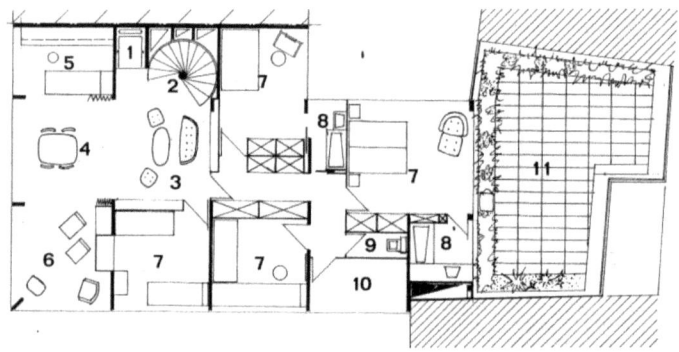
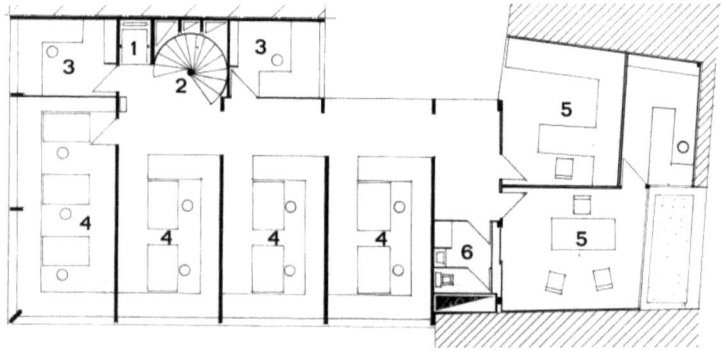

54

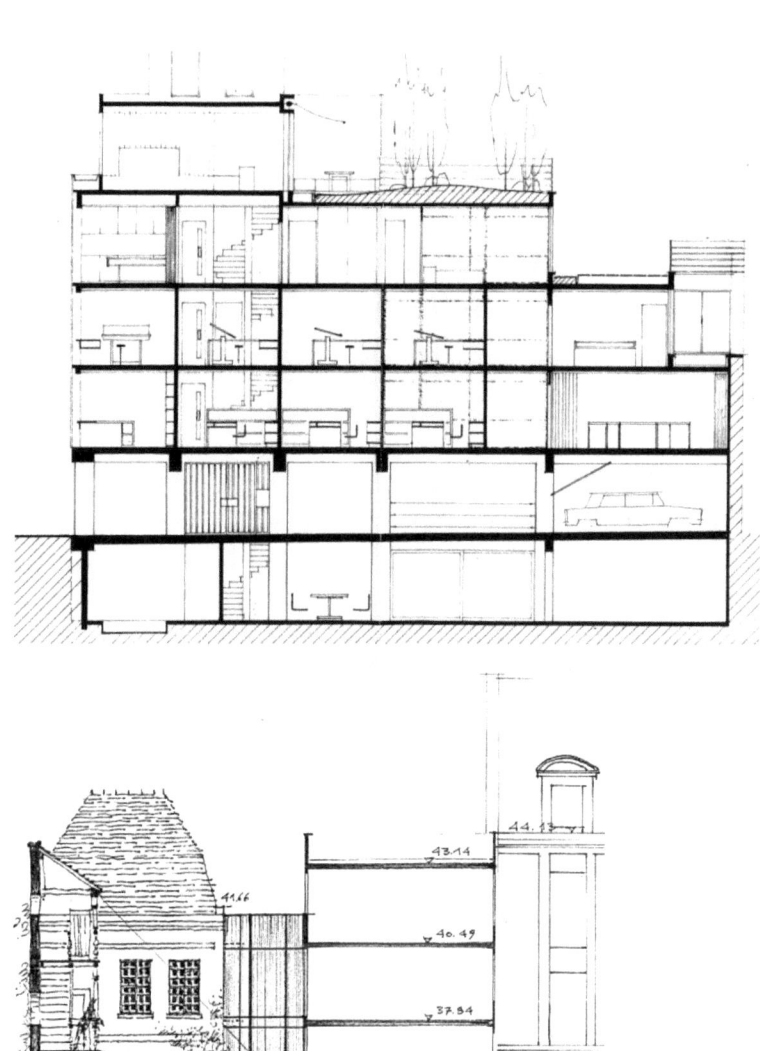

Notre logement au troisième étage présente un retrait en fond de parcelle qui permet l'aménagement d'une terrasse jardin.

Enfin, un grand séjour de 50 m² et une pelouse au quatrième étage. J'y prenais le petit déjeuner l'été et ma femme et moi, nous y sentions parfaitement heureux. Nous envisagions d'y finir nos jours face à Notre Dame. Sauf imprévu, bien sûr.

La cathédrale est construite sur une forêt de pieux en bois de 12 m de profondeur. C'est là que se trouve le bon sol et c'est là aussi que la maison de verre est fondée, sur des pieux en béton armé forés et non battus, ce qui aurait pu ébranler le pavillon Louis XIII voisin et sa cave gothique. Le sous-sol est construit en voiles et poteaux de béton armé, le rez-de-chaussée en poteaux de béton armé brut de décoffrage, coffrage en contreplaqué et arrêtes traitées en pan coupé de 3 cm. J'avais remarqué ce raffinement en Suisse à l'époque où le 'brut de décoffrage' y régnait en maître avec une perfection d'exécution difficile à retrouver ailleurs. Les étages sont en voiles et poteaux de béton armé brut de décoffrage. J'avais, à l'origine, prévu une construction tout acier. Je venais de réaliser le restaurant universitaire d'Amiens, le C.E.S de Poix et l'extension de la Banque de France, chantiers terminés en un temps record. Mais le prix de l'acier avait fait un bond et j'ai dû poser un calque sur nos plans d'exécution à 5 cm par mètre et revenir au bon vieux béton. La conversion se révéla facile. Les contreventements furent assurés par des voiles béton coffrés dans des planches de sapin, leur donnant le 'brut' que j'aime. Enfin quelques rares poteaux coffrés avec soin. Cage d'ascenseur en béton et escalier en béton armé préfabriqué marche par marche, en colimaçon comme au moyen-âge, revêtu de caoutchouc noir brillant dans les bureaux et d'une épaisse moquette brune dans l'appartement. La cage d'escalier est habillée de lambris en PVC blanc brillant posé verticalement pour épouser la courbe de l'escalier.

Les trois étages sont traités de la même façon par des façades en mur rideau exécutées par les Menuiseries Métalliques de Reims à partir de profils courants et de tôles pliées, le tout traité au zinc 40 microns plus deux couches de laque glycéro noire mate. Je tiens à cet aspect mat de fers contrastant avec le gris foncé brillant de la glace. Il s'agit de glace anti calorique Parsol. Les allèges sont en glace feuilletée anti effraction de même couleur. L'étanchéité entre fer et glace est assurée par un mastic Perenator garanti 10 ans. Ainsi, les façades sont entièrement vitrées du sol au plafond, chaque pièce ayant au moins un châssis ouvrant. Tout le long sont placés des radiateurs bas en acier de la marque Runtal, noir mat eux aussi. Enfin, à l'intérieur et sur toute la surface sont placés des stores vénitiens aux lames aluminium noir brillant. Je trouvais que cet ensemble mur rideau, radiateurs et stores vénitiens avait du caractère !

L'agencement intérieur, outre les voiles de refend en béton armé gris laissé brut de décoffrage, ledit coffrage donc soigneusement assemblé de larges planches de sapin posées verticalement, le béton armé minutieusement vibré et décoffré pour garder l'empreinte fidèle des veines et des nœuds du bois, est complété par un cloisonnement de panneaux toute hauteur d'aggloméré extrudé de bois de 34 mm d'épaisseur de la marque Fontex, posé en double pour assurer une bonne isolation phonique entre les pièces et plaqué d'acajou verni satiné, sa chaude couleur lisse et veloutée contrastant avec le gris rugueux du béton. Les portes et les placards sont du même matériau. Les poignées de portes sont des becs de canne en PVC noir brillant, discrètes sans plaques de propreté, ainsi que les interrupteurs et prises de courant du même design, modèle Cosmos. Les boutons poussoirs des va-et-vient sont conçus comme de grands voyants lumineux émettant une discrète lueur verte.

Les plafonds sont habillés de dalles blanches 50x50 cm en fibre de cellulose, pleines dans le logement et perforées dans les bureaux pour assurer une acoustique feutrée.

Les sols sont recouverts de moquettes, les salles d'eau habillées de mosaïque eu pâte de verre 2x2 cm.

Dans le logement, les rayonnages des bibliothèques sont réalisés en panneaux de mélaminé blanc aux chants plaqués d'acajou. Dans les bureaux, les panneaux Fontex des cloisons sont utilisés pour réaliser les plans de travail et les meubles de rangement intégrés. Il en résulte une grande unité de traitement commune aux bureaux et au logement.

Le quatrième étage est traité en attique de manière résolument différente. Partiellement en retrait, il est habillé d'ardoises posées verticalement, rappelant les combles brisés des mansardes. On y monte depuis le niveau principal du logement par le même escalier en colimaçon habillé cette fois de l'épaisse moquette tête de nègre que l'on trouve dans cette dernière pièce de 50 m², le séjour de réception, en quelque sorte. Les murs et le plafond sont habillés de plâtre peint en blanc. Seule la grande cheminée est traitée en béton brut de décoffrage. Coté parvis, à l'angle de la cheminée, une grande baie carrée permet de découvrir toute la cathédrale, sa pierre grise s'affirmant en continuité du mur de la cheminée. Coté sud, sur toute la longueur de la pièce, un seul pan vitré de coulissants alu donne sur le jardin terrasse. Trente centimètres de terre gazonnée traitée en jardin japonais, sa petite montagne plantée de bouleaux pleureurs, sa rivière de galets et ses sept rochers aux formes symboliques. Coté rue Dusevel, de petits pins deviendront trop grands malgré les élagages annuels. Un grand store banne couleur thé protège la baie du soleil. De ce jardin, on pouvait surprendre les immenses tours blanches de la cathédrale à travers nos arbres. La nuit, des projecteurs rendaient notre petit jardin suspendu encore plus étonnant. Sur le plan de coupe, on remarque au dessus de la cheminée du salon le petit édicule de la machinerie ascenseur et de la chaufferie générale au gaz de l'immeuble.

Voyez aussi comment j'ai réussi à ce que ce jardin soit au même niveau que le salon malgré l'épaisseur de la terre et, de part et d'autre de la baie vitrée, le caniveau intérieur recevant le radiateur du chauffage recouvert d'une grille et le caniveau extérieur canalisant l'eau de pluie. J'avais trouvé dans un livre allemand le principe d'étanchéité retenu : Sur la dalle béton, l'isolation thermique, une légère forme de pente en ciment, puis l'étanchéité en asphalte sablée de 15 mm et une chape en béton grillagé de 6 cm pour protéger l'étanchéité de la terre et des racines. Pendant près de trente ans, aucune défaillance. Et puis, en 2000, des infiltrations apparaissent tout à coup au plafond du troisième étage. Nous n'y habitions plus et je dus faire quelques allées et venues pour régler ce problème... La moquette d'une chambre du troisième étage est gorgée d'eau. Cette eau semble descendre du plafond par une cloison en bois au droit d'une applique électrique. Dans le couloir aussi, sous un interrupteur, le bois est gondolé. L'eau semble conduite par les gaines électriques. Nous montons au quatrième étage et soulevons des dalles du caniveau extérieur. Nous nous interrogeons sur l'état de l'étanchéité sous la chape béton... Devrons-nous enlever la terre du jardin avec une grue et tout casser ? Sans trop espérer trouver de solution de repli, nous remarquons des traces d'humidité dans le caniveau intérieur du chauffage. Fuite des radiateurs ? Il ne semble pas. Le coulissant alu se manie difficilement. Il est coincé par un branchage dans le rail du seuil. Nous le nettoyons et débouchons les trous censés évacuer l'eau de pluie ruisselant sur les vitres. Je me rappelle que ce phénomène se produisait quelque fois lorsque nous y habitions. L'eau aurait pu tout simplement pénétrer par la fenêtre... Nous étudions la coupe d'exécution détaillée des deux caniveaux et essayons d'imaginer comment l'eau pourrait bien passer du caniveau extérieur au caniveau intérieur. Nous décidons que l'entreprise vienne observer ce qui se passe lors des prochaines pluies. C'était donc bien cela : Nous nous sommes fait une terrible frayeur, car il suffisait de bien refermer les fenêtres par temps de pluie...

  Pour conclure cette présentation de la maison de verre, je ne saurais trop insister sur son échelle relative par rapport à la cathédrale. La cour commune avec le pavillon Louis XII atteste, s'il en était besoin, que notre maison a respecté la taille et la continuité des bâtiments voisins. Mais un dessin à l'échelle de ma main montre l'importance relative de la cathédrale par rapport à la maison de verre. La différence est sidérante si on la compare avec les photos en contre plongée et en premier plan prises par la contestation. Enfin, voici la superbe photo que j'ai fait faire par le photographe amiénois Guillaume, éditée peu de temps après en carte postale et qui fit le tour du monde : Le reflet de la cathédrale dans la maison de verre. Nous en avons fait notre carte de vœux pour l'année 1971. Et je dois dire que ce reflet fut pour moi une SURPRISE totale !

Chapitre 8
La bataille continue

Pour marquer le coup, j'ai adressé ma carte de vœux à toutes les personnes avec qui j'avais un lien quelconque de près ou de loin, famille, amis ou ennemis, relations professionnelles, clients, entrepreneurs, fournisseurs, administrations, notables, confrères, journalistes, et j'ai gardé les cartes de remerciement, de nombreux témoignages de sympathie qui furent pour moi réconfortants. Dès le 2 janvier, nous recevons dans la maison de nombreux amis et soutiens.

La vie de l'agence nouvellement installée commence l'année 71 dans l'euphorie générale. Les démarches administratives pour la 'suite' continuent. Je présente le 4 janvier à M. Noirot Cosson, secrétaire général de la préfecture, une nouvelle mouture du projet respectant à la lettre l'alignement qu'il a décidé. Il se déclare satisfait et promet une réponse sous huitaine.

Le 7, nous organisons un diner avec le personnel de l'agence et les entreprises qui ont participé à la construction.

Le 13 janvier 1971, je téléphone en présence de Maître Arnaud à M. Noirot Cosson. Le préfet a vu l'esquisse mais craint pour l'aspect et envisage de revenir à la disposition précédente. La commission va se réunir, j'aurai une réponse la semaine prochaine et le permis « immédiatement après. »

Le 15, je visite le salon nautique à Paris et rêve d'avoir un jour un bateau à moi.

Le 18, 'réunion agence participation.' Avec tous ces changements, l'agence est un peu déboussolée et tiraillée. J'ai cette idée généreuse autant qu'intéressée pour encourager le personnel, qui se révèlera bien difficile à mettre en place. La participation, c'est aussi donner plus d'autonomie et laisser plus d'initiative à ceux qui les réclament, comme M. Masson-Hache qui prend en charge l'étude ET le chantier d'une villa du Parc Delpech. Il en réalisera plusieurs autres sous ce nouveau statut et deviendra plus tard maître d'œuvre à son propre compte.

Je commence à voir autour de moi des gens extra, bourreaux de travail, heureux de l'être, qui lui sacrifient tout et malheureusement nous quittent très jeunes. Cela me touche beaucoup. Vais-je en faire autant ?

Le 21 janvier, M. Vast, le maire d'Amiens, me téléphone aimablement : « Alors, vous êtes dans votre maison de verre ? J'ai été plusieurs fois en relation avec M. le secrétaire général… On va vous délivrer votre permis… oui, bien sûr… Voyez-vous, moi, je n'ai rien à dire… après l'avis de Monseigneur Duhamel[8], le gardien de notre cathédrale. Il souhaite que l'on continue jusqu'au bout… » Il me parle ensuite de M. Bouchon, maître d'œuvre des maisons en fausse pierre et toitures à la Mansart, qui font fureur à Amiens. Il vient de construire un ensemble de villas en face du parc Delpech, où je réalise des villas modernes aux toitures à faible pente. La comparaison des styles est de notoriété publique. « Cet individu ne s'est pas sorti du financement de son parking. J'ai dû lui enlever… Lui qui se dit architecte, met en difficulté l'artisan plombier-chauffagiste Darras. » M. Vast me demande de faire travailler ce dernier.

Le 25, j'obtiens enfin M. Noirot Cosson au téléphone. Il me répond : « Nous attendons la décision de M. le Maire d'Amiens… Construction en retrait ou pas… M. le Préfet, hésitant, veut avoir son avis en dernier ressort. » je dis mon étonnement car j'ai eu récemment celui-ci au téléphone et il ne m'en a rien dit.

Le 26, visite à M. Vast. Il ne semble pas au courant des directives du préfet. Je lui explique les deux options. Il opte pour le recul à l'alignement et va écrire en ce sens une lettre au secrétaire général.

Le 28, M. Roquet, de Runtal, m'accorde à titre commercial une remise de 10% sur les radiateurs acier posés dans la maison. Le même jour, la ville d'Amiens me donne la commande de l'école maternelle du Parc Delpech.

---

[8] Jacques Duhamel, Ministre de la Culture depuis le 7 janvier 1971.

Les 29 et 30, séminaire du GEPA sur la protection juridique de l'architecte.

Le 30, soirée Dupuy Cuny. Un couple charmant de nos âges, passionnés eux aussi de voile. Lui est otorhino et elle l'assiste car il a eu la main coupée par l'hélice de son bateau. Ils ont une villa et un voilier sur la Côte d'azur…

Le 28, un entrefilet du Courrier Picard nous apprend que Mme Vasse Robiaud, le Docteur Avinée et Raymond Dewas, membres du Comité de Sauvegarde de l'Environnement de la Cathédrale ont été reçus par M. Desmet, chef de cabinet du nouveau ministre de la Culture. « Le successeur de M. Michelet le désavouera-t-il ? » Ainsi se termine l'article. Hé bien, le Courrier Picard ne se trompait pas, car le 1er février, à 10 heures, M. Estienne me demande de le rejoindre sur le terrain du Parc Delpech pour l'implantation de la villa voisine de la sienne. Après la pose des piquets, il m'apprend dans sa voiture que la situation s'aggrave : « On sait que le nouveau ministre est défavorable au projet. Son chef de cabinet aussi. Il est question de racheter la maison et le terrain de la 'suite.' On parle de 220 à 230 millions de francs… Que faire ? Ne pouvez-vous pas agir à Paris ? » Je lui réponds que j'irai jusqu'au bout et que je peux joindre Pompidou lui-même, s'il le faut, par un ami qui le touche de près… que jusqu'ici je n'avais rien fait 'en direct'. Une seule démarche de ce genre avait déjà été tentée par le promoteur, mais devant la gravité de la situation, je suis décidé à y aller moi-même. Aujourd'hui, cette réponse, dont je me rappelle et que j'avais à l'époque transcrite fidèlement sur mes fiches personnelles, me surprend. Je n'ai aucune idée de cette prétendue relation. Me serais-je présomptueusement avancé devant cet ami sûr qu'était M. Estienne ? Cela ne me semble pas possible. Je pensais sûrement à quelqu'un, mais qui ?

Je retrouve une autre note de ma main relatant le coup de téléphone de M. Estienne du 3 février. Il me donne des pistes de riposte. Le Conservateur des Bâtiments de France est avec lui, bien décidé à ne pas se laisser impressionner. M. Darambure, inspecteur général de la Construction pour la Somme serait peut-être aussi à contacter, ainsi que M. Labourdette. Ils pensent que je devrais déposer deux permis. Un avec l'alignement obtenu et un avec le recul demandé par le préfet. Je promets de lui envoyer copie de cette lettre mystérieuse à un ami, mais je n'en ai pas retrouvé la trace…

Le samedi 6 février, la campagne électorale municipale est lancée. Quelle répercussion aura-t-elle sur notre affaire ? En arrivant à l'agence, Georges, notre homme à tout faire, m'annonce que 'notre façade est écrite.' Je me précipite dehors. Sur le grand bandeau en béton, coté place, est écrit en grosses lettres grises : « VAST-E AQUARIUM. » Je dois me rendre à l'inauguration du Centre Social de Ham. Avant de partir, je demande à Monique d'interdire tout essai de nettoyage pour éviter de détériorer le ciment brut. Dans la matinée, elle m'appelle à la mairie de Ham. La police a envoyé des nettoyeurs pour passer sur l'inscription du 'lait de ciment.' Elle s'y oppose. Je lui dis : « Oui, absolument. » Dans leurs discours d'inauguration, je reçois les chaudes félicitations de M. Paolini, directeur de la Caisse d'Allocations Familiales et l'éloge de M. le préfet Wilzer qui cite d'autres œuvres remarquables de cet architecte de talent comme la mairie de Poix et le restaurant universitaire.

Nous recevons mon ami Maurice Silvy à qui je fais visiter la villa de Madame Hotellier. Il appelle devant moi notre confrère Joseph Belmont, directeur de l'Architecture au ministère, et nous obtenons un rendez-vous à son bureau pour le lundi 8. Mais le lendemain, Maurice m'apprend que le rendez-vous est annulé. Joseph est malade et il part ensuite au Gabon. Nous ne pourrons donc pas le rencontrer avant trois semaines.

Le lundi matin, j'appelle M. Vast, maire d'Amiens, à 8 h à son domicile. Il n'est pas au courant de l'inscription, mais après réflexion, il me demande si je veux bien laisser un moment les choses en l'état : « Cette inscription est tellement bête qu'elle se retourne contre ses auteurs. C'est encore un coup de Dewas. Laissez-la ! Il faut qu'on parle de moi, et même de cette manière, cela me sert... » Le véritable initiateur, je le connais, mais n'en parle pas à M. Vast. Rappelez-vous le coup de téléphone de M. Treilhou le 30 juin 1970... il y était déjà question d'aquarium.

Le 10 février, M. Noirot-Cosson, secrétaire général de la préfecture, me téléphone pour me dire : « Monsieur Bougeault, je suis heureux de vous apprendre une bonne nouvelle. Le permis de construire de la place Notre Dame sera à la signature du préfet ce soir. Je tenais à vous l'apprendre moi-même. Et dans sa forme première, c'est-à-dire sans recul... »

Le 12 février, M. Patte me téléphone pour me demander de dessiner le détail de la façade. En particulier la trame métallique du mur de verre et les piliers, afin d'organiser une table ronde avec les Monuments Historiques. Effectivement, depuis le dépôt du permis, j'ai perfectionné tous ces détails. Je propose de lui faire une jolie perspective et la maquette d'un élément vitré, et de le recevoir ici avec MM. Sally et Saingeorgie. C'est alors qu'il me dit le désaccord de MM. Sally et Vitry sur mes pilotis, qui ne sont pas ronds comme ceux du permis de ma maison. Je sens chez lui une gêne... et en effet je réalise cette irrégularité à laquelle je ne pensais plus... Lors de l'exécution, j'avais modifié leur profil pour les rendre carrés comme dans le permis de la 'suite'. Il me demande si je sais que le permis va être signé, je dis oui. Il me demande quel projet a été retenu, je lui apprends que c'est le premier. Il croyait le contraire...

Dans la nuit, branlebas place Notre Dame. Il faut dire que depuis le week-end dernier, toute la famille est sur le qui-vive. Au cours de la semaine, en pleine journée, nous avions encore surpris deux jeunes gens qui avaient ouvert le coffret du compteur électrique pour y jeter de l'eau. En s'enfuyant, ils avaient laissé sur place une grosse bouteille d'encre Waterman. Cette fois-ci, ce sont les enfants qui entendent du bruit au rez-de-chaussée. Je laisse mon fils François vous raconter que le rez-de-chaussée sur pilotis est toujours ouvert aux quatre vents, puisque j'envisageais de le relier à la galerie marchande de la 'suite'. Il descend donc avec Monique au rez-de-chaussée. Ils allument le sas d'entrée et surprennent un homme à la mine patibulaire s'apprêtant à jeter deux cocktails Molotov dans la cour du sous-sol. Jusqu'où cela ira-t-il ?

Depuis le mois d'octobre et la mise en garde de l'inspecteur Yvora, j'étais quelquefois sur mes gardes quand je sortais à pied. Je n'avais souhaité parler à personne de certains coups de téléphones inquiétants reçus à la fin de l'année rue du Pinceau. Dès notre arrivée place Notre Dame, un monsieur très courtois, se présentant comme le directeur de la Sureté, m'avait informé que des menaces contre ma personne lui avaient été rapportées et que je devais lui signaler le moindre fait. Si nécessaire, il me donnerait une protection. J'avais son numéro de téléphone personnel où je pouvais le joindre jour et nuit. Mais je ne signalerai que deux incidents matériels quelques années plus tard à l'Hôtel de Police. Ils ne toucheraient pas à ma personne et je n'en constaterai que le résultat. Une balle de 8 mm perça un trou dans une allège antieffraction d'un bureau du premier étage, rue Dusevel, et quelque temps plus tard un gros pavé brisa une autre glace. Nous l'avons retrouvé dans les bureaux.

Pour terminer cette parenthèse avec le sourire, je vous parlerai de ces clochards que nous acceptions le soir sous l'immeuble, Dans une certaine mesure, je considérais qu'ils assuraient une sorte de surveillance. Je connaissais le prénom de l'un d'entre eux pour l'avoir rencontré aux compagnons d'Emmaüs, dont j'étais membre donateur. J'avais même demandé à Georges, à son corps défendant, de rentrer leurs cartons quand ils quittaient les lieux dans la matinée et de les sortir le soir avec les poubelles. Longtemps, ils furent corrects, mais un beau jour, alors que je leur reprochais de pisser sous l'immeuble, un grand rouquin que j'aimais bien me répondit : « D'abord, vous, vous n'avez rien à dire… Vous n'êtes plus INFLUENT. » J'en ai ri sur le coup, mais cela me resta sur le cœur plus que les petits affronts que ma femme et moi recevions quelquefois de personnes jusqu'ici bienveillantes, une manière de nous reprocher notre maison…

Mon adversaire le plus acharné restait, bien entendu, Raymond Dewas. Un matin, une de mes secrétaires m'appela pour me montrer de sa fenêtre un attroupement devant la maison en style néogothique construite par mon vieux confrère Douillet qui occupe l'angle opposé de la rue Dusevel. Dewas haranguait les passants en gesticulant et leur faisait signer une pétition sur le capot de sa vieille traction Citroën noire. Nous le laissâmes faire…

Je ne sais plus qui m'a envoyé le Bulletin de la Société des Antiquaires de Picardie du 4éme trimestre 1970, mais je crois que c'est le docteur Douillet, fils de l'architecte, qui fait partie de cette société et s'est toujours montré bienveillant pour notre maison de verre située exactement en face de la sienne. Son père l'avait fait construire dans ce style, à la manière libre et imaginative de Viollet-le-Duc. Douillet trouvait cette confrontation amusante. Quelque temps après notre arrivée, il fit ravaler ses façades en pierre de taille qui se reflétaient ainsi sur notre maison sous un autre angle que la cathédrale. Il y fit poser un bas-relief représentant son père tenant dans ses bras l'église Sainte Odile dont il était l'auteur. J'assistai à la mise en place de ce petit monument commémoratif. Douillet était un homme fin, tranquille, modeste et gai. Maurice Thorel l'appelait 'T'cho Louis.'

Ce bulletin reproduit la lettre du ministre des Affaires Culturelles au président de la Société des Antiquaires, qui reprend mot pour mot celle adressée à M. Garet, vice-président du Sénat et conseiller municipal d'Amiens, publiée le 25 septembre par le Courrier Picard, et se termine par la même conclusion : « Je maintiens l'avis favorable… »

Le 23 février, un entrepreneur m'assure que « l'immeuble est paru dans l'Express. »

Le 25, le Comité de Sauvegarde de l'Environnement de la Cathédrale d'Amiens diffuse un tract signé par Mme Vasse Robiaud annonçant que le permis de la deuxième tranche des travaux vient d'être délivré. « Une haute personnalité amie, qui a déjà fait une démarche à l'Elysée, nous conseille de vous demander d'envoyer personnellement un télégramme ou une lettre à : Monsieur Domerg, conseiller technique d'esthétique de M. le président de la République. Palais de l'Elysée – Paris. Nous espérons que vos interventions arriveront assez rapidement à l'Elysée avant le premier coup de pioche. L'Elysée ne comprend pas comment un tel projet a pu recevoir le permis de construire à cet endroit. »

Le 1er mars, j'apprends que mon confrère Saguérian a été victime la veille d'un grave accident d'auto. La voiture est irrécupérable mais heureusement, il en sort vivant.

M. de Sacy, président de l'Association Nationale pour la Protection des Villes d'Art, donne une conférence à Amiens à propos de la rénovation du quartier Saint Leu. Il fait part en public de son opinion sur la maison de verre : « C'est une erreur ; elle ne s'accorde pas au paysage. Elle aggrave même le manque d'homogénéité de la place. Elle va déshonorer la cathédrale. »

La campagne électorale s'en mêle. Photo dans le tract de la liste Delay : « Qui a autorisé cette construction ? Pourquoi ? Au profit de qui ? »

Le 3 mars, M. Roussel de l'équipement m'apprend que le préfet est monté à Paris voir le ministre et que dès son retour il a signé le permis. Celui-ci a été envoyé au promoteur aujourd'hui.

Du 9 au 13, je suis au lit avec la grippe.

Le 12 mars, on annonce 700 millions d'anciens francs pour restaurer la cathédrale.

Les élections municipales ont lieu les 14 et 21 mars. On ne parle pas du permis, et pour cause. Je suis prévenu qu'il ne sera publié qu'après les élections. La liste de droite du maire sortant Vast parle de concertation et de dialogue à tous les échelons. La liste de droite Martelle dénonce l'atroce affaire de la maison de verre, Raymond Dewas en fait partie... La liste Delay d'union pour un nouvel Amiens n'est ni à gauche ni à droite. La liste Lamps est présentée par le parti communiste et le parti socialiste. Au premier tour, les listes Martelle et Delay sont éliminées, et Lamps remporte haut la main au deuxième tour. On dit que l'affaire de la maison de verre a divisé la droite et fait passer les communistes.

Le 23, coup de téléphone bizarre de M. Rousseau, l'ingénieur en chef des Ponts et Chaussées, directeur de l'équipement d'Amiens. Il vient seulement d'apprendre que j'ai reçu le permis pour la 'suite' et n'en est pas satisfait. Il critique le 'noir' de mon immeuble et me demande de réfléchir à la possibilité de changer la couleur. Il parle des maisons à 110 000 francs d'un maître d'œuvre... et me dit que je suis cher... qu'il n'apprécie pas le Parc Delpech. Je ne m'inquiète pas, je connais notre homme, il 'aime' les architectes avec un certain sens de l'humour.

Le 24 mars, point général avec les promoteurs MM. Calippe et Le Petit. Nous évoquons surtout les élections, tout étonnés du silence autour de la maison de verre, se demandant ce qu'il peut bien signifier.

Le 26, implantation de la villa Auzaneau sur le Parc Delpech. Etant donné leur nombre, je ne peux plus assurer moi-même les rendez-vous de chantier. Je suis toujours présent aux implantations et aux réceptions des travaux. Une fois par semaine, sauf urgence, je fais seul le tour de mes chantiers. Excellent pour savoir ce qui s'y passe. J'enregistre mes remarques sur mon mémo-Pocket, ma secrétaire les tape et les remet au responsable. Certains clients préféreraient me voir en personne, alors j'apparais de temps en temps.

Le même jour, nous recevons M. et Mme Rousseau. Elle n'a pas encore visité notre maison.

Le 30, révision chez Ford. Ma deuxième Ford, la Zodiac, une lourde berline anglaise toute carrée, gris sombre métallisé comme la maison de verre. Certes plus discrète que ma première 'américaine,' une Ford Comet, 16 chevaux, six cylindres en ligne, achetée d'occasion à Durisotti, pour qui j'avais construit ma première villa à Amiens. Une grande villa moderne exécutée avec un soin infini, qui est restée une de mes œuvres préférées. Il n'en reste pas moins vrai que M. Durisotti me fit une farce en me vendant cette belle voiture qui avait une culasse déformée et avait été accidentée. Il avait repeint l'aile à la perfection... Pas étonnant, il était carrossier. Il avait décelé ma nature prétentieuse sous une apparence de garçon bien sage. On ne pouvait pas faire plus tape à l'œil que cette voiture, et Monique avait été la première surprise quand je l'avais ramenée à la maison. Elle ne voulait pas la conduire et nous lui avions acheté une 4L beige plus passe partout… La Comet était confortable, puissante, avec une boite automatique, quatre phares à l'avant et des ailes pointues formant le V de la victoire à l'arrière. Elle était gris clair argenté, l'intérieur était en cuir ivoire et rouge vif. Très gai, mais un peu voyant… Sans compter qu'elle était immatriculée 1 FX 80 : Une ancienne voiture coupe file de préfet à qui les agents de la circulation donnaient tout de suite la priorité aux carrefours. J'ai adoré cette voiture. Sacré Durisotti ! Il devait être bien occupé, car dès les premières études et jusqu'à la fin du chantier, je n'avais eu affaire qu'à sa femme. Une jeune femme épatante et sans vergogne qui tenait le café du village de Camon. Elle venait à tous les rendez-vous avec sa fillette d'une dizaine d'année, et je dois dire que j'avais carte blanche. Durisotti a dû bien s'amuser quand il refourgua à ce blanc-bec d'architecte cette tire de gigolo… Cette voiture permet-elle aussi de comprendre certains traits de mon architecture ?

Le Courrier Picard publie un poisson d'avril le 1er avril. Une seule petite allusion à la maison de verre : « Au nom du modernisme, on veut nous imposer une maison de verre… »

Du 8 au 12 avril, Monique et Bernard font un périple jusqu'aux Saintes Maries de la Mer par le mont Ventoux, le Lubéron et les Alpilles.

Le 20, embarquement pour Stockholm avec E.D.F. pour découvrir le chauffage électrique, qui démarre à peine en France. Nous visitons des logements collectifs et sommes frappés par la petitesse des fenêtres. Moi qui faisais mon crédo des larges baies et de la luminosité.

Aujourd'hui, je suis frappé par un tel emploi du temps. J'étais partout à la fois. Des déplacements incessants aussi à Paris pour faire avancer mon dossier. Le 22 avec M. Estienne pour régler le problème des poteaux bétons et dans l'après-midi, une visite à notre nouveau maire, M. Lamps, afin que celui-ci communique son point de vue aux Affaires Culturelles. Le lendemain, mon confrère et ami amiénois Gogois me présente M. Patyne, administrateur au Ministère des Affaires Culturelles et adjoint de M. Antonioz, directeur de la Création Architecturale en France. Nous déjeunons dans 'mon' restaurant universitaire avec M. Bardet qui représentera le ministère a la réunion de l'Angle d'Or dans l'après midi. Le soir, diner du Cercle Europe avec M. et Mme Menessier, professeur à l'université et vice-président de la Commission Régionale de l'Environnement.

Le 26 avril, Mlle Trouteau, secrétaire du ministère, m'annonce la visite pour le 30 de MM. Denieul et Rigaux, directeur du cabinet de M. Duhamel, ministre des Affaires Culturelles. Entre temps, le problème des poteaux est réglé à la préfecture. Le préfet Witzer et son chef de cabinet Hurand sont également au rendez-vous. Visite de l'extérieur et de l'intérieur de la maison de verre, y compris l'appartement. Impression enthousiaste de ces messieurs. Rigaux s'émerveille devant le jardin suspendu et sa vue sur la cathédrale. Nous décidons de revoir la couleur des édicules en toiture. Le préfet reproche les gros piliers, Denieul les défend…Rigaux me demande des photos de l'Hôtel de Ville de Poix et du reflet de la cathédrale. Il m'annonce une visite de sa femme, qui réunit une documentation sur l'architecture moderne.

Le bulletin d'avril 1971 des Vieilles Maisons Françaises défend le parti de la maison de verre.

Le lundi 3 mai, réunion générale de l'agence. Je donnais beaucoup d'importance à ces réunions régulières d'organisation, où chacun pouvait dire ce qu'il avait sur le cœur, mais je me demande aujourd'hui si elles étaient bien utiles. Peut-être pour maintenir la cohésion de notre équipe et prévenir d'éventuelles dérives dans lesquelles pouvaient nous entrainer les forces hostiles extérieures.

Chapitre 9
La réunion mémorable du 14 mai

Je reçois le 3 mai un coup de téléphone de Mme Minvieille, chef du bureau des abords de la Direction de l'Architecture. Elle me demande de lui envoyer 10 photos de la place Notre Dame, dont celle du reflet de la cathédrale.

Le 4, M. Estienne m'informe à titre confidentiel qu'une visite officielle aura lieu le vendredi 14 mai en début d'après-midi. Il me donne la liste des participants et l'emploi du temps, pour que je me réserve ce jour là. La commission Supérieure des Monuments Historiques et la Commission Supérieure des Abords se déplaceront au complet. Ils rencontreront la Comité de Sauvegarde des Abords de la Cathédrale et se rendront à la préfecture, salle du Conseil Général, où je serai vraisemblablement convoqué avec lui. « Le but est d'informer et de mettre un terme à cette affaire. »

Le 10, M. Hurand me confirme la réunion. « Elle aura lieu sur le parvis, devant la maison de verre, avec la contestation. » je devrais attendre mais ne pas me présenter.

Le soir même, je relate fidèlement cette mémorable journée dans une note manuscrite de quatre pages.

C'était le premier jour du séminaire du G.E.P.A. qui se tenait chez moi, sur le thème : 'la gestion de l'agence.' Je déjeune avec les participants à la cafétéria de la Maison de la Culture d'Amiens et demande à mon ami Serraz de me ramener. Nous arrivons à 15 heures et tombons sur le groupe devant l'immeuble. Par politesse, je m'approche. M. Witzer se précipite à ma rencontre : « Ah, non, Monsieur Bougeault, vous n'allez pas encore nous faire le coup ! On vous a dit que nous ferions appel à vous si besoin. » je lui explique que je rentre chez moi et me retire. Ces messieurs discutent fort autour de l'immeuble. Deux heures, je crois, avec de grands gestes… et des éclats de voix. Il y a toute la contestation : M. de Franqueville, Mlle Roy, M. Ansart, Mme Vasse Robiaud. Il n'y a pas Mme de Clermont Tonnerre. Le recteur Mallet, de l'académie de Paris, le préfet Witzer, son directeur de cabinet Hurand, Noirot Cosson, Patte, conservateur régional, Saingeorgie, architecte des Batiments de France, Sallez, architecte en chef des Monuments Historiques, Estienne et... Vojensky, architecte en chef des Monuments Historiques, Jean Pierre Paquet, inspecteur général des Batiments Civils, Hermant, architecte en chef des Batiments Civils, l'écrivain Michel Bataille, et M. de Ségogne, président de la Commission des Monuments Historiques, conseiller d'état honoraire, qui préside l'assemblée. Toute l'agence les observe à travers les stores...

A 16 h. 30, je me rends à la préfecture et fais antichambre sur une mauvaise banquette pendant trois heures... Que se passe-t-il dans la salle ? Les éclats de voix sont fréquents. De temps en temps, Hurand vient gentiment me faire garder patience : « Langage de sourds, » me dit-il, « vous avez de fermes défenseurs ! – Parmi les architectes ? – Oui. Et d'autres aussi... » Finalement, les contestataires sortent. Devant moi, Mallet tend la main à Mme Vasse Robiaud. « Non, Monsieur, je ne vous donne pas la main, vous êtes un TRAITRE ! »

A 19 h. 30, les autres sont sortis, on me fait entrer. M. de Ségogne me fait un discours fort adroit pour finalement me demander si j'accepterais de changer la couleur des fers noirs... en gris. « Ce serait moins triste. Vous êtes un homme triste, » me dit-il. « Cette concession permettrait de calmer et de donner une petite satisfaction aux contestataires. » je réponds NON, en exposant rapidement mes raisons. M. de Ségogne me congédie en me disant : « J'admire plus votre courage que le sens que vous avez de vos intérêts... » Je ne sais si c'est une menace. Quelques jours après, je reparle à Estienne de la phrase menaçante du président de Ségogne. Il me dit : « Ne craignez rien d'eux. Au contraire, il vous a apprécié et a fait votre louange après votre départ. C'est contre les contestataires qu'il vous a mis en garde. »

Le lendemain, le Courrier Picard publie avec une photo du groupe devant la maison : « D'éminents visiteurs pour la 'maison de verre.' Bernard Bougeault n'avait certainement pas la prétention d'imaginer que son œuvre provoquerait le déplacement de tant d'éminentes personnalités. C'est un remarquable succès que doivent envier beaucoup de ses confrères de France et de Navarre ! Une douzaine de hauts fonctionnaires venus de Paris n'ont pas hésité à passer tout un après-midi afin de donner un avis de plus – le dernier ?– au ministre des Affaires Culturelles Jacques Duhamel. …La construction de l'immeuble pourra alors continuer et les amiénois se consacrer à des tâches plus positives, sous la maternelle protection de leur cathédrale qui en a vu d'autres et préférerait que toute cette sollicitude soit consacrée à sa restauration, fort urgente… »

Au congrès de l'U.N.S.F.A., je rencontre en séance J.P.Paquet, tout sourire. Il approuve ma candidature au Conseil : « Oui, c'est bien qu'un homme courageux… » Il faisait allusion à la séance du 14 mai à Amiens.

Le 17, nous recevons M. et Mme Estienne. Il me confie que le regret exprimé en séance par M. de Ségogne était en fait tout autre. Il aurait préféré que la maison soit plus en retrait par rapport à la rue Dusevel, de manière à offrir une vue dégagée en arrivant à la cathédrale. Mais cette opinion n'était pas partagée par les représentants du ministère, tous favorables au projet. Et ils avaient conclu à l'unanimité que puisque c'était commencé, il fallait continuer… « Michel Bataille ? Il n'a pas dit grand-chose.. » j'en suis fort aise, car j'ai beaucoup aimé son roman 'La Ville des Fous.' Par contre, le président Camus a parlé d'une bombe de 6000 signatures. Estienne pense que ceux qui sont pour doivent se mobiliser. Dans la matinée, M. Roussel, de l'Equipement, m'a dit que l'affaire était passée à la télévision.

Le journal d'annonces gratuit Contact 80 ne raconte pas les choses de la même manière que le Courrier Picard : « La 'maison de verre.' Encore (mais pas pour la dernière fois.) » Face à la Commission parisienne… « la Commission amiénoise était composée de Mme Vasse Robiaud, présidente du Comité de Sauvegarde, la comtesse de Clermont-Tonnerre, présidente des Vieilles Maisons françaises, M. le Parquier, secrétaire perpétuel de l'Académie des Arts et des Lettres, M. Camus, 1er président honoraire à la Cour d'Appel, président des Amis des Arts, M. Ansart, président des Rosati Picards, M. de Tourtier, président des Amis de la Cathédrale, M. Louchard, des Compagnons de Lafleur, M. Demarcy, président de l'A.C.L.E.A…. Mme Roy a lu à l'assemblée une note juridique sur le permis de construire, rédigée par Maître Hennuyer, avocat au Conseil d'Etat… Contact 80 continuera d'informer ses lecteurs. »

Chapitre 10
Quelques moments de bonheur

La vie reprend ses droits et son cours normal dans le calme et la sérénité. Notre nouvelle vie est très agréable dans la maison de verre. Nous y resterons sept ans.

Le dernier weekend de mai, trois pages de mon agenda sont biffées de la mention 'le Touquet.' Nous prenons quelques jours de repos avec Monique à l'Hôtel de la Potinière. Cet agréable hôtel, situé au bout de la digue, construit en bois, peint en blanc et bleu, et datant du siècle dernier, a l'air comme neuf. Ah, 'Le Touquet-Paris-Plage', quels beaux souvenirs ! Souvenirs des vacances régulières que nous y prenions avec nos jeunes enfants. Une plage immense de sable fin, des dunes, un petit club nautique sur la baie de la Canche… Pendant quelques années, nous y avons eu un dériveur sur lequel nos enfants ont tiré leurs premiers bords. Et surtout, une grande forêt de pins, plantée par les anglais, qui ont lancé la station. Dans cette forêt, j'ai construit la villa du docteur Perdu, chirurgien à Doullens. Une grande et belle villa. Murs de briques peintes en blanc, menuiseries en sapin brun foncé, toit d'ardoises. Beaucoup d'amiénois ont leur résidence secondaire au Touquet. Je pense que si nous étions restés à Amiens, nous y aurions eu notre villa.

Le 10 juin, le ministre des Affaires Culturelles Jacques Duhamel assiste à l'ouverture du congrès de l'Union Nationale des Syndicats Français d'Architectes. Après une journée studieuse à réfléchir comment expliquer au grand public l'utilité de l'architecture, nous embarquons à 20 heures sur la Seine dans un bateau mouche. Dîner à bord. Sur une photo que Monique aime beaucoup, je suis à coté de Clay avec mon célèbre béret écossais. J'avais alors 48 ans. Le lendemain, lors d'une assemblée générale dont le thème était la Loi sur l'Architecture, alors en pleine discussion avec l'Etat, je prends spontanément la parole au sujet de l'ingénierie. Le ministre voulait nous assimiler avec les Bureaux d'Etudes Techniques, qui jusqu'ici réalisaient surtout des usines, des bureaux, des immeubles commerciaux et étaient liés à leurs clients par des engagements précis sur les coûts et les délais. Les confrères, la plupart assez mal informés, redoutaient ces dispositions et toutes les interventions étaient 'contre'. Informé, je ne l'étais guère mieux. Cependant, j'y voyais des avantages. Celui d'honoraires plus élevés, mais aussi celui de corriger les défauts souvent reprochés aux architectes : Ne pas respecter les délais et les coûts... En outre, je venais d'apprendre que ces dispositions étaient déjà en vigueur aux Etats Unis et dans plusieurs pays d'Europe. En un court exposé, je défendis donc l'Ingénierie avec une éloquence que je ne me connaissais pas. J'étais 'pour', ou presque... Je fus longuement applaudi. Je fus aussi le dernier à prendre la parole, clôturant le débat. A la fin de la séance, on me conduisit jusqu'à l'estrade, où le président Glénat me demanda de faire partie de sa liste des membres du conseil dont l'élection avait lieu dans l'après-midi. Bien que je m'étais fixé de ne jamais m'engager ni dans la politique ni dans l'action syndicale, j'acceptai. Notre liste, mais c'était peut-être la seule, fut élue. Immédiatement, les membres du conseil élurent le bureau et je fus choisi. J'ai un très beau souvenir de ce congrès à Paris. Monique était venue. Elle connaissait déjà quelques femmes d'architectes sympathiques et en découvrit d'autres. Quant à moi, je me revois dans mon complet trois pièces en fil à fil gris, chemise blanche, cravate originale peinte sur soie par la fille du peintre Paul Charlot, très entouré de confrères curieux et bienveillants. J'étais Bougeault, 'de la maison de verre'. C'était surtout d'elle dont on me parlait. Tous étaient 'pour', bien sûr, et suivaient l'affaire dans la presse et même à la télé ! J'étais jeune. Je supportais bien cette vie harassante, mais qui me plaisait. Je me sentais tout à fait 'architecte'. Pour clore le congrès, diner au Casino de Paris. Les organisateurs craignaient un énorme chahut, nos confrères étant pour la plupart issus de l'Ecole des Beaux Arts. Mais il n'en fut rien. La beauté des danseuses, l'éclat de la mise en scène subjuguèrent les architectes français. Chaque mois, je consacrai une journée à Paris pour la réunion du bureau, puis du conseil... avec l'impression de ne servir à rien. Mais j'ai un excellent souvenir des déjeuners aux frais du syndicat dans un petit restaurant chic du quartier. J'y fis la connaissance de quelques architectes de province très sympathiques. Au bout d'un an, je démissionnai.

Tout juste un entrefilet dans le Courrier Picard du 11 juin 1971 pour signaler : « Un jardin sans épines ? C'est tout à fait implicitement que l'on a évoqué la 'maison de verre' au conseil municipal pour examiner le projet soumis par M. Bougeault, architecte, pour l'aménagement d'un jardin à l'angle de la place Notre Dame et de la rue Dusevel, c'est-à-dire contigu à la fameuse maison. Ce jardin, qui sera réalisé par le service des Plantations, risquerait d'être foulé par d'indélicats piétons. On suggère de le clôturer. 'On pourrait y mettre des épineux', a proposé ironiquement le maire, M. Lamps. »

J'ai dessiné pour ce jardin un grand labyrinthe, que j'imaginais en buis. Ce sont des thuyas que la mairie a planté. Ils poussent beaucoup trop vite et nécessitent d'être taillés fréquemment.

Reyko Ayama, une architecte japonaise amie de Maurice Silvy, publie dans 'Missis' (Madame), quatre articles consécutifs sur la maison de verre avec de très jolies photos d'intérieur de l'appartement prises avec professionnalisme par Jean Pierre Leloir, membre fondateur du magazine Rock et Folk.

La maison est tout à fait terminée, y compris les jardins. Le vendredi 25 juin à 17 h, inauguration de la maison de verre. Le vendredi 21 mai, nous avions organisé un cocktail, une belle réception avec tous nos amis, quelques dizaines de personnes, dans l'appartement. A cette inauguration, nous invitons mes relations professionnelles. Le préfet de région Wilzer, son chef de cabinet Hurand, le secrétaire général de la préfecture Noirot-Cosson, le maire M. Lamps, certains de ses adjoints, l'ingénieur en chef de la D.D.E Rousseau et combien d'autres… Tous mes clients, mes entrepreneurs, marchands de matériaux et autres métiers du bâtiment. Jean Pierre Pernot, le sculpteur de béton et d'acier qui accompagna nombre de mes œuvres au titre du 1% artistique des constructions publiques. Enfin, tous mes confrères d'Amiens et de la Somme. Mon souci était d'en oublier un. Enfin quelques amis qui n'avaient pu venir au mois de mai. Tout mon personnel était là. Environ cent cinquante personnes. Ma carte d'invitation était plutôt sobre, un tiers de A4 au format paysage en canson gris sur lequel le texte noir était écrit en gros Letraset de ma police préférée Arial extended sans aucune majuscule : « bernard bougeault vous prie d'honorer de votre présence… » Carte plutôt tristounette évoquant nos murs rideaux, le gris des glaces teintées et le noir des éléments d'acier. Peu de gens ont dû comprendre l'allusion, mais je la trouvais très 'chic'. Devant la maison, je fus surpris de voir deux policiers régler la circulation et le stationnement. Au premier étage, deux de mes secrétaires assurent l'accueil, reçoivent les vestiaires et proposent aux partants de signer le livre d'or. C'est un défilé permanent à travers toute la maison, jusqu'au dernier étage où sont disposés les petits fours et la buvette. Je n'ai pas beaucoup de souvenirs de cette soirée ahurissante. Le 29, encore un apéritif avec quelques personnalités et leurs épouses qui n'avaient pu venir le 25.

bernard bougeault vous prie d'honorer de votre présence l'inauguration de ses bureaux et la visite de sa maison, le vendredi 25 juin 1971, de 17 à 20h. 4, place notre-dame. amiens.

r. s. v. p.

Le 17 juillet, nous marions notre fille. La célébration a lieu à 16 h en la cathédrale d'Amiens devant une nombreuse assistance. Le consentement des époux est reçu par monsieur le chanoine Albert Lanquetin, aumônier national du Secours Catholique. Il était l'aumônier de la maison d'étudiant où je logeais quand je faisais mes études à Paris après la guerre et j'ai toujours gardé avec lui une profonde relation. Mes parents viennent de l'Yonne et les retrouver est chaque fois, pour moi, une grande émotion. J'attends aussi sans doute leur verdict sur la maison de verre. Je me doute qu'ils ne l'approuvent pas, mais ils admirent mon courage. Je me revois, comme si c'était hier, avancer sur le long tapis rouge, sanglé dans un costume croisé bleu marine, à mon bras ma fille Brigitte, si belle dans sa toilette blanche de mariée d'une grande simplicité, un voile du même tissus cachant ses cheveux blonds. Nous traversons la place après la cérémonie, nous mélangeant aux touristes en ce bel été, et recevons magnifiquement famille et amis dans la maison de verre.

J'ai déjà à mon actif de belles réalisations, de nombreuses villas modernes, des groupements d'habitation, le C.E.S et l'Hôtel de ville de Poix… Nous livrons en juillet l'église d'Etouvie avec la participation sur le chantier de gros œuvre de Jean Pierre Pernot, qui coffre sa sculpture dans le béton armé. Avec le bel outil qu'est notre nouvelle agence, nous mettrons en œuvre de beaux projets comme le restaurant universitaire du Bailly, la Caisse d'Allocations familiales, la Caisse Nationale des Retraites des Ouvriers du Bâtiment et le théâtre de la Rose des Vents à Lille. Nous remporterons un concours de modèles de logements lancé par le Ministère de l'équipement, qui deviendra le Parc Frédéric Mistral, au sud d'Amiens. Les panneaux de façades sont en polyester stratifié de couleurs vives et les fenêtres en glace trempée sans encadrement à la Prouvé. La vie de l'agence bat son plein.

Chapitre 11
Le jour où tout a basculé

Le 9 juillet 1971, j'apprends par le promoteur Bardon et Calippe le référé du Comité de sauvegarde suivi de sursis à exécution. Nous étions tout juste prêts à démarrer les travaux de la 'suite'.

« Maître Hennuyer, avocat au Conseil d'Etat et à la Cour de Cassation, vient de former un recours devant le Tribunal Administratif d'Amiens contre le permis de construire délivré le 12 février 1971 par le préfet de la Somme à la société civile 'L'Angle d'Or' pour édifier un immeuble 18, 20 et 22 place Notre Dame dans le prolongement de la 'maison de verre' et dans le même style. » (Contact 80 du 9 juillet.)

Dans un courrier du 17 juillet, le député-maire René Lamps, à qui les requêtes ont été communiquées, répond au président du Tribunal Administratif : « L'association observe que la partie de voie publique à incorporer à l'immeuble n'était pas, à la date de délivrance du permis, devenue propriété du constructeur. Or, en vertu du décret du 28 mai 1970, une demande de permis ne doit pas donner justification de propriété par le pétitionnaire et, ainsi que le précise l'arrêté de Monsieur le Préfet, le pétitionnaire devra acquérir la partie du sol de la voie publique déclassée. Cette opération devra être précédée du tracé de l'alignement et de la procédure de déclassement de la voie publique en cause. »

M. Estienne pense que le recours sera rejeté et il m'exhorte : « Posez votre panneau et commencez dès que possible les travaux ! »

Le 15 septembre, le tribunal administratif décide : « Il sera sursis, jusqu'à la décision au fond, à l'exécution de l'arrêté susvisé du Préfet de la Somme en date du 12 février 1971. »

Le 10 novembre, nouvelle séance du Tribunal Administratif à laquelle j'assiste. Maître Hennuyer rappelle que le règlement d'urbanisme en vigueur est toujours celui de 1943, le nouveau n'étant pas approuvé. « Il fallait une dérogation du préfet après consultation de la Commission Départementale d'Urbanisme. Le plus grave est que le projet est implanté sur le domaine public. » M. Beylac, directeur adjoint du Ministère de l'Equipement, réfute ses arguments, mais accepte un point : Le préfet n'a pas pris séparément le décret accordant la dérogation et celui accordant le permis de construire. « Cela a été fait des centaines de fois et depuis un décret récent, le préfet en est dispensé. Il est vrai que la demande de permis a été déposée avant cette date. C'est le seul point sur lequel nous pouvons discuter, un point de pure forme. » il termine par un beau plaidoyer sur la cathédrale et la maison de verre. Le commissaire du gouvernement rappelle au tribunal qu'il n'est pas juge de l'opportunité mais de la légalité. Le terrain fait toujours partie du domaine public et le règlement d'urbanisme de 1943 n'est pas respecté. Il conclut à l'annulation du permis de construire et met l'affaire en délibéré.

Trente ans après, je me demande pourquoi, forts des arguments de l'adversaire, nous n'avons pas immédiatement déposé une nouvelle demande de permis de construire, qui aurait été instruite en bonne et due forme. Je suis à ce stade incapable de répondre. Foi ébranlée, découragement, manque de soutien de mes partenaires dans cette affaire, sans doute, bien que l'on ne puisse pas dire que nous n'ayons rien tenté, avec peut-être un peu moins de conviction.

Le parvis après les bombardements

Chapitre 12
La « suite » de la Place Notre Dame en arrière plan

Il faut attendre le 18 septembre 1972 pour que les choses bougent à nouveau. Je rencontre Monsieur Noirot Cosson, Secrétaire Général de la Préfecture, qui me promet un dénouement prochain, des instructions de Paris ayant été reçues. J'écris le 17 novembre au Préfet qui me répond le 14 décembre : « La demande de permis de construire, considérée comme restée en suspens à la suite de l'annulation, le 10 novembre 1971, par le Tribunal Administratif, ne peut plus recevoir une suite favorable en se référant au plan d'aménagement et de reconstruction d'Amiens de 1943. Il faut, par conséquent, attendre que celui-ci soit remplacé par le Plan d'Occupation des Sols actuellement en cours d'élaboration et dont l'approbation ne saurait tarder indéfiniment. »

Par arrêté du 28 février 1973, la Ville d'Amiens constitue un groupe de travail afin d'élaborer le P.O.S. de la ville.

Je rends visite le 23 avril à M. Denieul, Directeur de Cabinet du Ministre des Affaires Culturelles, 3 rue de Valois, ancien Directeur de l'Architecture. Il me promet son soutien sans réserve, se propose d'écrire à M. Paraf, Préfet de Région qu'il connait bien, et me conseille de rencontrer M. Arrou-Vignod, Directeur adjoint de la D.A.F.U.

Le 5 mai 1973, M. Angevin, Adjoint au Maire d'Amiens, m'informe qu'une 'réunion P.O.S.' aura lieu le 22 mai. Je lui demande que le quartier de la cathédrale soit abordé en priorité. Le 21 mai, M. Baquet, nouveau Directeur de l'Architecture, m'assure de son soutien. Je le rencontre à nouveau le 13 juin. Il a demandé à M. Noirot-Cosson de faire sortir le permis de construire. Le 19 juin, M. Noirot-Cosson me rappelle les instructions du Ministère de l'Equipement au Préfet de Picardie M. Aurillac, qui vient de remplacer M. Wilzer : Attendre le P.O.S. Il faudrait obtenir de ce ministère de nouvelles instructions pour que le Préfet puisse délivrer le permis avant l'approbation du P.O.S. Le 22 novembre, je fais part à M. Noirot-Cosson de l'intention de mes clients d'ouvrir un procès si on continue à les lanterner.

Je rencontre le 23 novembre M. Lamps, Député - Maire d'Amiens. Il me confirme son accord sur la poursuite de l'opération. Il l'a annoncé publiquement. Le déclassement du domaine public de la bande de terrain est fait et il peut être acheté par le propriétaire de la parcelle adjacente. Le 28 décembre, M. Angedin, adjoint au Maire, m'apprend par lettre que les dispositions do P.O.S. concernant la cathédrale seront proposées dans six mois au plus.

Suite à mon entretien avec le Préfet de Région M. Aurillac du 10 janvier 1974, ce dernier écrit le 25 janvier à M. le Maire d'Amiens, lui demandant la poursuite de la construction de l'immeuble en vue de l'Année Gothique 1975, qui nécessite un aspect correct de la place. La question a été posée officiellement au Ministère de l'Equipement.

Il semble bien à ce stade que la D.A.F..U., la Direction de l'Aménagement Foncier et de l'Urbanisme du Ministère de l'Equipement soit le dernier verrou s'opposant au dépôt d'une nouvelle demande de permis de construire sans attendre l'approbation du P.O.S. Le 4 mai, Maitre Arnaud apprend de M. Noirot Cosson que Paris a donné l'autorisation de délivrer le permis avec dérogation dès que l'étude du P.O.S. aura formulé clairement ses dispositions concernant l'aménagement de la Place Notre Dame. Le 31 mai, je rencontre M. Arrou-Vignod, Directeur Adjoint de la D.A.F.U. et M. Stra, son collaborateur chargé de cette affaire. Ces messieurs vont étudier la possibilité de revenir sur leur décision. Le 16 décembre, je les rencontre à nouveau. Ils m'assurent de leur bonne volonté mais qu'ils n'ont pas encore pu obtenir l'autorisation de faire délivrer le permis par dérogation en vertu de l'article 30... Le 26 février 1975, M. Bouquin, nouveau Secrétaire Général de la Préfecture, m'expose le problème de réclamer un permis de construire annulé depuis plus de trois ans. Il me demande le 8 avril d'attendre l'approbation du P.O.S. Je téléphone alors à M. Arrou Vignod. Il me confirme que le

Ministère a déconseillé un permis avec dérogation, afin qu'il soit inattaquable.

Il faut dire que le « **projet insensé d'un monstre d'acier et de verre à 16 mètres de la cathédrale de Reims** » fait grand bruit en février 1975. On se bat beaucoup autour des cathédrales, après Amiens, Bourges et Rouen, toujours contre l'accord des Commissions des Monuments Historiques et autres Commissions ministérielles des Abords. Michel Guy, Secrétaire d'Etat à la Culture de Valery Giscard d'Estaing, annonce finalement le retrait du projet de Reims, ce qui ravive la contestation à Amiens. Le 10 mars 1975, l'Aurore publie « **Les amiénois veulent en finir avec leur monstre de verre,** » annonçant un concours national d'idées ouvert à tous les architectes par le comité de sauvegarde de l'environnement de la Cathédrale d'Amiens, obligeant les concurrents à considérer le terrain de la maison de verre actuelle comme libre… Suite à un recul tardif de l'Ordre des Architectes refusant de donner son aval à un concours mettant en cause la production d'un confrère, l'association est obligée de se dédire et d'informer par lettre recommandée les concurrents déjà en piste que le concours est annulé. La revue AMC, Architecture, Mouvement, Continuité, publiera dans son numéro 38 de mars 1976 trois projets autoproclamés, les noms des concurrents à ce concours tombeau devant rester secrets. Tous trois conservent la maison de verre et l'intègrent dans un ensemble encore plus provoquant, empiétant sur la place, au-delà et non en deçà de l'alignement imposé par les organisateurs du concours.

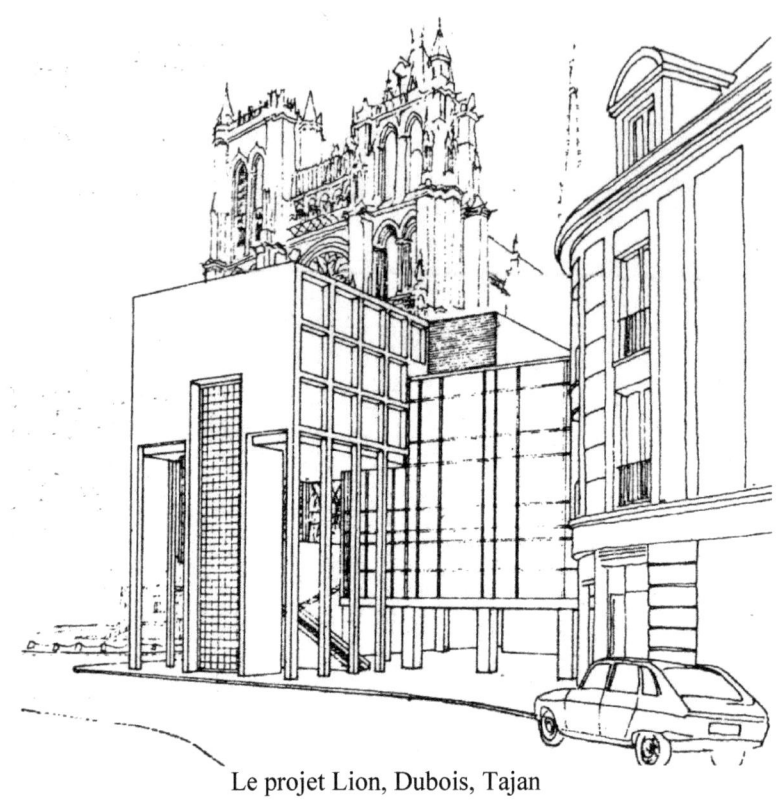

Le projet Lion, Dubois, Tajan

Un an plus tard, les choses étant toujours au point mort, j'obtiens un rendez-vous le 10 juin 1976 avec le Préfet de Région M. Coursaget. Je lui présente le projet et lui laisse un petit dossier rappelant l'historique de l'affaire. En conclusion, il me demande de lui présenter un projet légèrement modifié en supprimant les saillies de façade afin d'obtenir une façade-miroir parfaitement plane. Nous convenons de nous revoir courant juillet. En juillet, la secrétaire de Monsieur le Préfet me répond qu'il ne pourra pas me recevoir avant début septembre. En septembre, puis en octobre, je sollicite un rendez-vous à plusieurs reprises, sans succès ni aucune réponse à mes courriers.

Nota : Le P.O.S. d'Amiens ne sera approuvé qu'en 1987.

Chapitre treize
Le départ

Ce matin, 28 janvier 1976, réveillé à quatre heures et demie… A cinq heures, je suis au travail dans mon lit. Je relis le P.V. de réunion de chantier d'hier pour les deux groupes scolaires de Lille et réfléchis à mon « entreprise, » à mes procès, à mes finances, à des décisions à prendre encore et d'urgence… des licenciements peut-être. Que de gros soucis, et cependant, malgré tout cela, une forte joie habite encore mon être. Une véritable euphorie. Dangereuse, car ce n'est pas le moment de voir les choses en rose. Il faut agir avec discernement, prudence, extrême prudence. Dès le retour de Monique, qui est à Paris, nous en discuterons.

Pour « m'en sortir, » il faudrait d'abord faire un plan de sortie en estimant l'issue de mes procès au plus défavorable. Faire tourner l'agence au plus juste en réduisant les frais de chantier, de secrétariat, de dessin, les frais généraux. Réduire mon découvert. Louer l'immeuble et s'installer dans quelque chose de plus petit. Trouver un jeune architecte pour reprendre l'affaire.

Le 14 février 76. Encore une semaine à travailler douze heures par jour… Un samedi que je passe au bureau à « gratter » un descriptif pour des travaux à la Préfecture. Y en a marre, alors que le ciel est d'une fine tonalité grise avec des trous bleus (bleu ciel, bien sûr,) qu'un vent de la mer souffle et secoue le grand sapin, évoquant un grand mât, là, devant ma fenêtre. Je l'ouvre, un air vif m'appelle. Et comme un con, je reste le cul scellé sur mon bouret à continuer ma tâche de gratte-papier. Y en a marre, j'ai 52 ans et je ne tiens le coup que parce qu'il n'y en a plus pour très longtemps, et même cela me donne un moral terrible. Encore un petit effort, mec, et salut ! La psychologie, c'est comme la construction, il y a toujours des inconnues, une part de risque à prendre. Il faut les limiter, mais il faut bien les accepter.

Le 16 mai 76. En seize ans de métier, 38 collaborateurs, 430 clients, 318 opérations réalisées, des milliards de travaux et 24 procès. Que me reste-t-il en bien propre et pour combien de temps ? Mon immeuble... Mais Bon Dieu ! J'ai aimé ce que j'ai fait. Cette archi, je l'ai vraiment sortie de moi. Je l'ai voulue meilleure, je l'ai sortie de mon cœur. C'est fait de quoi, ce qu'il y a d'intéressant dans l'architecture ? (comme dans tout, d'ailleurs) C'est fait d'Amour.

Je cède mon affaire à mon confrère Courouble à la fin de l'année 76 et loue l'immeuble en deux lots de bureaux et un appartement au dernier étage. Je lui transmets bien évidemment le dossier de la S.C.I. Angle d'Or. Nous partons vivre à Boulogne-Billancourt.

Nous referons notre vie dans la région parisienne, reprendrons nos études à la faculté de Vincennes pour comprendre comment le monde tourne, puis en Algérie sous le régime libéral de Chadli Bendjedid, et enfin, cap au sud dans le Lubéron.

Chapitre quatorze
La maison de verre tient bon, mais quelle sera la 'suite' ?

Le Courrier Picard publie le 25 juin 1980 une 'enquête' intitulée « Année du Patrimoine ou Année des ruines ? » « L'année du Patrimoine… ne sauvera pas cet escalier historique que Mme Giscard d'Estaing, lors d'une visite officielle à Amiens, n'a pas vu (on s'est bien gardé de lui monter d'ailleurs). L'escalier de l'Angle d'or est caché entre un pan de mur, une maison de verre et un terrain vague. Que doivent penser les visiteurs étrangers, souvent habitués à la propreté, de cet environnement sordide ? …Le président du Syndicat d'Initiatives suggère… le prolongement de la maison de verre et l'aménagement du bas-parvis. » Le 23 septembre, il publie « Sauvons, ensemble, les abords de la cathédrale d'Amiens. » « Le Courrier Picard s'associe à une souscription régionale ouverte auprès de ses lecteurs pour permettre au syndicat d'initiative d'Amiens d'acquérir un ensemble architectural historique laissé à l'abandon, à côté de l'incomparable joyau de l'art gothique qu'est la cathédrale. Il s'agit du magnifique escalier de Manon Lescaut et de l'hôtel de l'Angle d'Or, devenu inutilisé du fait du décès soudain de son propriétaire, M. Boulot, un antiquaire. Une permanence est assurée sur place dans une caravane. »

Le 9 mars 1982, une réunion est organisée à l'Hôtel de Ville par le Maire René Lamps avec les différentes administrations concernées afin de reprendre en main 'l'extension de la maison de verre.' Un groupe de travail technique est constitué. La Délégation Régionale à l'Architecture et à l'Environnement en confie l'animation à l'architecte parisien Jean-Pierre Duthoit. La Direction Départementale de l'Equipement en assure le secrétariat. Il est composé de MM.Saingeorgie, architecte des Bâtiments de France, Gigot, architecte en chef des Monuments Historiques, Dufetel, architecte-conseil de la Direction Départementale de l'Equipement, Munier, architecte, directeur du C.A.U.E. et Courouble, architecte, 'auteur du projet'. Leur mission a pour but de « définir les conditions de l'architecture pour l'extension de la maison de verre qui serviront de critères d'appréciation à chacun de ceux qui, par leur fonction, sont chargés d'émettre un avis en vue de la délivrance du permis de construire. »

Le 4 novembre 1982, René Courouble expose son dernier projet dans les nouveaux locaux du syndicat d'initiative, acquis grâce à la générosité picarde, derrière la maison de verre. Il prolonge la maison de verre par des pans de verre inscrits dans des pignons aux plaquages de pierre, recouverts de toitures ardoise mansardées.

La réaction ne se fait pas attendre. « **Il faut démolir la maison de verre**, » riposte immédiatement le Comité de sauvegarde de l'environnement de la cathédrale, qui trouve « boiteux » le projet de M. Courouble. « Nous continuons à agir pour obtenir la destruction de cette maison qui déshonore notre merveilleuse cathédrale, » déclarent Mme Vasse-Robiaud et M. Raymond Dewas au Courrier Picard du 11 janvier 1983. A la suite du plasticien Claude Engelbach, l'architecte amiénois Bernard Gogois prend la défense des projets en cours et rend hommage à son ex-confrère M. Bougeault, auteur de la maison de verre. « Tout bâtiment qui est construit est classique, disait un jour un grand architecte américain. Il faut terminer le geste d'origine. Il y avait une spontanéité dans ce geste. »

Parallèlement, la Direction de l'Urbanisme et des Paysages lance une étude des abords de la cathédrale dont il ressort que l'urbanisation de la façade Nord du parvis, ouverte aux quatre vents, est aussi importante que l'achèvement de la façade Sud.

Georges Garnier, président de l'association « Carré Notre Dame » déclare au Courrier Picard qu'il va écrire à Jack Lang, ministre de la Culture. « La cathédrale n'est pas la propriété des Amiénois. Elle appartient au patrimoine français. »

Et c'est une consultation internationale de concepteurs qui est lancée en juillet 1984, intitulée « Aménagement du secteur Nord du centre ville d'Amiens. » le jury est constitué du maire, de six conseillers municipaux de la majorité et de l'opposition, des architectes J.P. Duthoit, Jacques Bardet, Christian Devillers et Bernard Huet. Une « commission consultante » d'associations, dont le Comité de Sauvegarde de la Cathédrale, en fait également partie. Une rémunération de 500 000 francs sera répartie entre les cinq concurrents retenus par la ville sur dossier. Le 17 décembre 1984, le lauréat est le luxembourgeois Rob Krier, professeur d'architecture à Vienne.

« **Le projet Krier, un parti pris vigoureux** » titre le Courrier Picard du 19 décembre 1984. « Son projet est puissant. Il va certainement provoquer un débat passionné et passionnant… Krier estime que l'environnement actuel du monument est sans intérêt. Il imagine donc une nouvelle ceinture en 'U' qui viendra s'interposer devant les alignements actuels pour rétrécir à des dimensions plus modestes le parvis. Exit la maison de verre d'un côté et les façades des demeures néogothiques de l'autre : tout cela sera caché par une nouvelle construction qui sera édifiée sur une série d'arcades. Krier ne plaide pas pour un quelconque style 'rétro' : il bâtit simplement un canevas s'inspirant de l'urbanisme d'autrefois, canevas sur lequel peut se greffer une architecture de notre époque... Il interviendra donc comme architecte coordonnateur, et de multiples ateliers locaux ou nationaux pourront s'insérer dans son projet. Un projet qui, de toute façon, n'est pas figé. La ville souhaite qu'un débat très large s'instaure dans la population autour de ces propositions : à partir du 7 janvier, le public pourra se rendre dans l'ancienne salle de la bibliothèque où maquettes, plans et esquisses lui permettront de visualiser et de mieux comprendre la démarche de l'architecte viennois. Les dessins ne sont pas à prendre au pied de la lettre. C'est une sorte de support à l'imagination... Ces esquisses qui ont l'allure de petites aquarelles, ressemblent un peu à ces villes imaginaires qu'on voit dans les peintures de la renaissance (notamment dans les tableaux de Léonard de Vinci). »

 Le Courrier Picard interviewe Rob Krier le 22 janvier 1985 : « 'J'ai été très triste en venant ici la première fois, en voyant le pourtour du monument. C'est absolument rien. C'est comme un navire braqué sur un banc de sable, complètement délaissé.' Il est conscient qu'il sera difficile de recréer autour de la cathédrale une vie animée. Il qualifie son projet de clôture du parvis de 'geste de référence' mais ajoute aussitôt 'c'est aussi un peu un geste de désespoir. –Pourquoi avez-vous décidé de fermer le parvis ? –Pour retrouver la situation qui existait au moyen-âge... Au 19e siècle, on a sans doute fait une erreur en vidant les parvis... (Il faut) recréer une tension entre le monument et la place... On s'approche du monument par de petites ruelles sinueuses qui vous le cachent et au fur et à mesure qu'on avance et qu'on le découvre, on est totalement écrasé par la qualité de l'édifice. –le parvis est le morceau que vous vous réservez ? –Bien sûr. –Un morceau de roi... -Il faut bien tout de même quelque chose pour le lauréat du concours, non ? »

Le projet KRIER (1984)

☐ Constructions prévues au projet KRIER
■ Bâti actuel

« Le leader de l'opposition municipale, Jean Claude Broutin, se déclare enthousiasmé par le projet lauréat. Mais c'est dans le monde feutré des architectes que vont se développer les controverses. Le dessin de Rob Krier est une violente déclaration de guerre aux idées modernes en urbanisme. Ce que Spoerry a réussi à Port-Grimaud, Rob Krier le réussira-t-il à Amiens ? » (François Chaslin dans Le Monde du 3 février 1985) Rien n'est moins certain, car si Jean Claude Broutin se félicite d'avoir écarté de ce nouveau parvis la maison de verre, ses troupes du comité de sauvegarde de l'environnement de la cathédrale, soutenus maintenant par les riverains de la façade ouest de la place, dont les maisons néogothiques font actuellement face au monument et ne seront plus en première ligne, sont furieuses. Leur porte-parole Raymond Dewas s'étrangle : « On ne pourra plus contempler le monument dans toute sa splendeur. Finies les photographies de la cathédrale ! Même depuis les façades actuelles du parvis, c'est à peine si l'on peut saisir l'ensemble de la façade... Même les japonais avec les grands angles de leurs appareils perfectionnés ! »

Deux ans après, le Courrier Picard titre : « **Allô, allô, Mme Soleil ?** Que voyez-vous dans votre boule de cristal ? Des projets ? Mais aussi beaucoup d'obstacles... » « Dans ce secteur ultra-sensible, le périmètre de Notre Dame, beaucoup de projets sont morts nés. On a brassé aussi beaucoup de vent... On envisage la construction d'un hôtel en rive sud du parvis. Le bâtiment abritera des boutiques. L'immeuble viendra s'adosser sur le grand pignon en béton de la maison de verre et sa façade s'alignera sur celles des maisons de la rue Cormon. Rob Krier est chargé de dessiner l'architecture du bâtiment. (le C.P. du 6 janvier 1987)

Le 25 juillet 1990, Jean Claude Boucherit est le premier gagnant du concours photo hebdomadaire organisé par le Courrier Picard. « Ce photographe a su allier dans son œuvre le modernisme et le charme d'antan : La maison de verre reflétant la cathédrale Notre Dame. » Enfer et damnation ! Vingt ans après, rien n'a changé, c'est pratiquement la photo de ma carte de vœux de janvier 1971 !

Les mauvaises langues ont dit que le maire de droite Maurice Vast avait été battu en 1971 par le candidat communiste René Lamps à cause de la maison de verre. En 1989, après 18 ans de municipalité de gauche, Gilles de Robien est élu avec le soutien du comité de sauvegarde. Mais ce soutien est de courte durée. De Robien reprend l'idée d'une reconquête architecturale des abords de la cathédrale avec la construction d'un véritable « quartier latin », un nouveau campus universitaire au centre-ville. Rob Krier, qui a eu tout juste le temps de voir s'ébaucher son projet avec la construction d'un petit immeuble près de la place du Don, communément appelé 'Le Peutrec,' du nom de son architecte, est évincé. De Robien nomme Bernard Huet architecte en chef de la zone et un concours de concepteurs est organisé le 10 décembre 1992 pour la construction des locaux universitaires en contrebas du parvis de la cathédrale. Quatorze cabinets de renom sont mis en concurrence : L'allemand Hans Kollohff, le britannique James Patel, les italiens Gino Valle et Francesco Venezia, les espagnols Ricardo Bofill, Rafael Moneo, Antonio Cruz, les français Patrice Berger, Rémy Butler, Edouard Ciriani, Stanislas Fiszer, Henri Gaudin, Alain Sarfati et l'amiénois François-Xavier Legenne.

Henri Gaudin construira la faculté des sciences, terminée en 1993, et progressivement, le contrebas nord du parvis est urbanisé. Faculté de droit et Bibliothèque universitaire par Jean Paul Viguier, qui devait au départ être un cube de verre avec vue sur la cathédrale mais finira en brique et plaquage de pierre.

Et finalement, en 1997, la mission d'aménager la Z.A.C. Cathédrale est confiée à l'O.P.A.C. Bernard Huet est chargé de la concevoir. Le plan d'aménagement de zone est approuvé le 24 décembre 1998. S'il abandonne l'idée de construire devant les maisons néogothiques existantes en façade ouest, il reprend les alignements nord et sud de la place imaginée par Krier. La nouvelle façade sud du parvis se trouve désormais à une quinzaine de mètres devant la maison de verre, sans toutefois permettre de construire devant. La maison de verre se retrouve en retrait de la place, à l'angle de la rue Dusevel. Les matériaux de façade préconisés sont la brique et le plaquage de pierre, les pans de verre réfléchissants ou teintés sont proscrits…

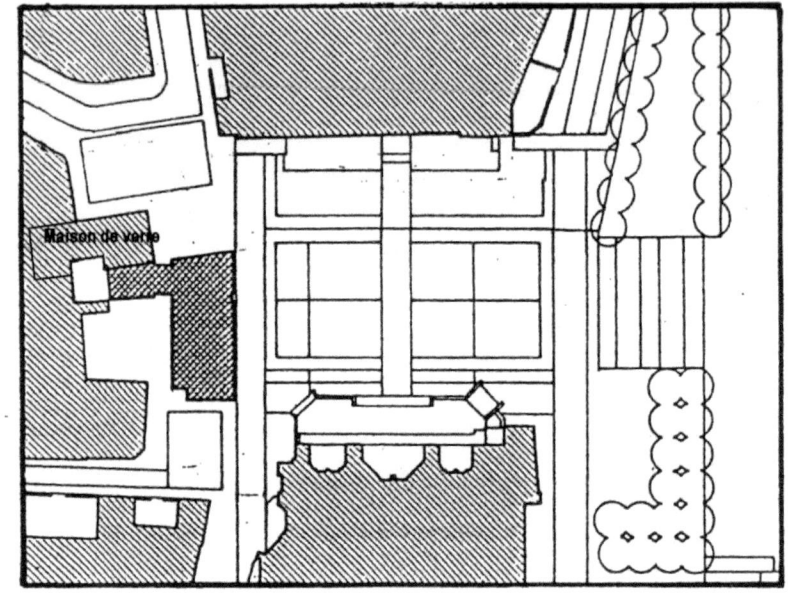

Le projet Huet

Pour éviter toute nouvelle controverse, la maitrise d'œuvre est confiée à l'architecte qui a établi le règlement ! Le projet de Huet est présenté au conseil municipal du 28 novembre 1998. J'ai pu avoir un enregistrement de la réunion. Dans son petit speech introductif, de Robien prévient la contestation : « Cette maison de verre… je m'en serai bien passé, mais il faut faire avec… le respect de l'existant… Elle assure la jonction avec la rue Dusevel… » Bernard Huet : « Il a fallu résoudre cette question de la maison de verre, ce bâtiment inachevé avec ses parkings au rez-de-chaussée. Le projet Krier construisait devant les maisons néogothiques. La maison de verre appartiendra désormais à une petite placette, antichambre du parvis. Elle est mise en retrait, des arbres font un filtre… » M. Baillet : « La verrue de la maison de verre est à enlever. » Huet : « on ne peut détruire un immeuble qui existe. Simplement, on ne pouvait la prolonger. Son alignement est trop grand. Il faut redéfinir le parvis comme une place limitée. » Demailly voudrait préserver une rue d'où l'on voit la cathédrale. La rue Dusevel aura sa vue coupée. Il suggère un bâtiment public plutôt que des logements. Huet rétorque le problème du stationnement, et seuls des commerces attireront des gens. Courouble reproche l'absence d'une galerie couverte avec des arcades. Huet répond que la Commission des sites a dit non, ce n'est pas caractéristique de la Picardie. M. Bertaux, qui habite la maison voisine de la maison de verre : « ce qui a bouché la cathédrale, c'est la maison de verre. Quel est le coût pour la foutre en l'air ? » Applaudissements. Le maire menace de retirer le pouvoir de ceux qui réclament encore la démolition. « Cet immeuble sera peut-être célébré dans 50 ou 150 ans. Je n'ai pas le pouvoir de démolir la maison de verre ou la tour Perret. On essaie simplement de limiter les dégâts. Si une telle autorité existait, on aurait beaucoup démoli. » Peut-être même la cathédrale ? (c'est moi qui rajoute cela…)

« La cathédrale renoue avec son passé » (Le Figaro, 26 nov. 1998)

En janvier 1999, je cherche des appuis. Fais le point de mes relations en consultant ma liste de cartes de vœux. Mais beaucoup de ces gens ne sont plus aux commandes.

Le 28 janvier 1999, une réunion est organisée à Paris au siège de l'Association du 11 juin, boulevard Saint Germain. Sept personnes autour de la table : Moi, au centre, de Robien en face de moi, Brevard de First Promotion à sa droite, Gasnier, architecte à Amiens à sa gauche, Dubois, directeur de l'O.P.A.C. à ma gauche, De Villiers, directeur de l'aménagement urbain de la ville qui se rappelle de moi à ma droite et Mme Van der Haegen, spécialiste des règles d'urbanisme à côté de lui. Longue discussion au cours de laquelle j'expose mes demandes sur le dossier de permis de construire. Le bâtiment serait un peu plus bas que la maison de verre. Il nécessite une convention de cour commune. D'après Mme Van de Haegen, il faudrait même modifier le P.A.Z. On discute du nombre d'arbres qui me cachent le parvis. De Robien me promet de prendre une délibération pour que mon adresse reste place Notre Dame… L'ambiance est déférente, mais pas favorable. Devant l'ascenseur, je dis à de Robien : « J'espère encore… »

Je réfléchis les jours suivants à ma stratégie. L'architecture de Huet est typiquement de cette fin de siècle. Elle est de qualité, mais manque singulièrement de caractère. Comme il l'a dit lui-même, elle 'ne fait pas de vagues.' Je ne me sens pas de l'attaquer frontalement. Un seul point pourrait être amélioré à mon avantage : cet angle, non pas droit mais légèrement aigu de son pignon ouest, qui fait du 'rentre dedans' aux maisons néogothiques, ce qui n'est pas très 'classique'. Je ne lui trouve qu'une seule raison : mieux cacher la maison de verre depuis la cathédrale. Certains voulaient même construire devant. Mais il n'a pu aller plus loin qu'à 90 degrés de la maison de verre sans s'exposer à un recours justifié. Cette modification de quelques degrés ne changerait pas grand-chose, mais elle étoufferait moins notre maison. Je pourrais essayer de convaincre Huet. Sinon reste le recours juridique. Mais obtenir l'annulation du permis ne ferait que retarder la réalisation du projet et la maison de verre resterait dangereusement vulnérable à côté de ce terrain vague. Et cela ferait de moi l'allié objectif de la contestation qui rêve de bloquer le projet pour obtenir la démolition de la maison de verre.

Le 9 février 1999, je suis reçu par Bernard Huet dans son agence. Il prend la parole pendant près d'une heure. J'interviens peu, juste pour dire ce que je souhaite. Il me répond : « Vous écrivez au Maire, jouez au chantage du recours. Je ne comprends pas que nous n'ayons pas encore d'autres recours. Sûrement, il y en aura... Partout nous avons des recours, d'associations, de particuliers. On ne peut rien faire aujourd'hui. Le tribunal donne raison au voisin, bien que le permis soit conforme et en appel le jugement est cassé. Allez-y, déposez votre recours ! Je ne referai pas mon projet déjà tant de fois modifié. Il va l'être encore pour le petit bâtiment contre votre mitoyen que les Monuments Historiques veulent plus épais contre l'escalier ancien. Je sais bien que ce projet ne se fera pas... Peut-être simplement l'aménagement du vieil hôtel... Cette place de la cathédrale d'Amiens est MAUDITE. Le Maire n'a pas pris l'opération en main directement pour réaliser quelque chose de bien, pas forcément des logements... vendre le terrain à un promoteur pour un prix très bas n'est pas la bonne solution. Cela n'assure pas la qualité de la réalisation, qui forcément sera coûteuse. La ville n'a aucune garantie. Le délai est trop cours. Le Maire veut finir au premier janvier 2000 pour des raisons bassement électorales. Les élections sont en 2001 et il veut tenir ses promesses. Si vous voulez que je modifie mon projet, il faut me l'écrire et me payer les honoraires. Ceux que me donnent les promoteurs sont très bas et ne prévoient pas de modifications. Non, je refuse de refaire tous les plans. La façade est déjà trop courte. Je me retirerai si on m'y oblige. Il fallait vous manifester il y a quatre ans quand le P.A.Z. a été élaboré. »

Le 24 février 1999, je dépose un recours gracieux à la mairie. Le motif est que la construction de cet immeuble me priverait de la vue sur la cathédrale. Je demande la modification du permis de construire délivré le 31 décembre 1998. Je sollicite dans ce recours la transformation de la façade ouest du bâtiment, qui présente un angle de 90° avec la maison de verre, afin de porter cet angle à 100°.

    Après moult tractations, nous signons finalement le 26 juillet 1999 un protocole d'accord avec la société du Parvis de la Cathédrale, société civile immobilière représentée par la société First Promotion. Nous nous engageons à ne donner aucune suite judiciaire à notre recours gracieux et nous entendons sur une indemnité forfaitaire de 500 000 francs, assortie de l'obligation pour le promoteur de réaliser à ses frais un revêtement étanche sur la partie du mur mitoyen qui n'est pas masquée par l'aile en retour du bâtiment projeté.

    Ainsi, je me serais battu jusqu'au bout, la maison de verre est sauvée. Elle n'a plus sa vue sur la cathédrale et perd pour moi beaucoup de son sens. Sa modernité était conçue pour dialoguer discrètement avec la cathédrale. Elle devait créer avec son prolongement un écrin qui mette en valeur la splendeur du monument. Au lieu de cela, elle se tourne maintenant, sans éclat, vers la rue Dusevel. Elle n'a pas grand chose à partager avec ce médiocre style reconstruction…

Vue du parvis en 1910

Vue du parvis en 1968

Vue du parvis en 2016

Projet de percée ouest par Jean Herbault en 1855